나는 심플하게 말한다

나는 심플하게 말한다

이동우

: 추천의 말

사람과 사람 사이에는 마음이 있다. 그 마음은 사람 사이를 옮겨가며 진심을 만든다. 그리고 그 진심을 전하기 위해 마음은 말을 빌린다. 말은 사람을 잇는 가장 중요한 도구다. 진심을 더 잘 전할 수 있는 방법, 바로 이 책 안에 있다.

- 전승환, 『나에게 고맙다』 저자

매일 똑같은 아침 식사를 하고, 같은 옷을 입고, 하나의 펜으로만 글을 쓰는 사람. 외계인으로 보일 정도로 단순한 그의 삶은 말에서도 그대로 묻어나온다. 그의 짧고 심플한 말의 핵심을 담은 이 책 역시 독자의 마음을 흔드는 힘이 있다.

- 김범준, 『모든 관계는 말투에서 시작된다』 저자

"왜 내 뜻대로 말하기가 되지 않을까?"라는 근본적인 질문에서 시작하여 핵심 원인과 처방을 명쾌하게 제시하는 책. 50만 명의 구독자를 보유한 한국 최고의 북 큐레이터인 저자가 공개하는 열 가지 말하기 법칙은 15년 동안 현장에서 몸으로 실천하고 깨달은 소중한 결과물이다. 결정적 순간에 아쉽고 실망스러웠던 말로 잠 못 이루었던 우리에게 잘못된 말하기 습관을 바로잡아줄 인생 책이 나왔다.

- 김홍묵, 인천대학교 창의인재개발학과 교수, 前 SK 아카데미 원장

좋은 제품은 복잡한 매뉴얼로 장황하게 설명하지 않는다. 직관적으로 느낄 수 있도록 단순하게 설명한다. 말하기도 마찬가지다. 좋은 말하기는 구구절절 설명하지 않아도, 핵심을 담는다. 이 책의 저자 이동우의 말은 길게 설명하지 않지만, 단번에 이해할 수 있다. 심플하다.

- 지용구, 더존비즈온 EBP사업본부 본부장

오디오클립에서 10분은 마법의 시간이다. 사람들에게 핵심을 압축해 10분이라는 귀한 시간을 선물하는 사람. 이동우 작가는 스마트하게 매직 아워를 포착해 '이동우의 10분 독서'를 만들어냈다. 핵심을 압축하는 심플한 화법, 단정한 목소리. 그래서 그의 말하기 내공이 담긴 이 책이 더 반갑다. 그가 전하는 말하기 비결로 독자의 행복한 소통과 심플한 라이프를 기대해본다.

-이인희, 네이버 오디오클립 리더

말은 언제 어디서나 정말 중요하지만, 우리는 말하는 법을 좀처럼 배우려고 하지 않는다. 마치 잘 걷는 법을 배우려고 하지 않는 것처럼……. 핵심을 담은 심플한 말은 듣는 사람의 마음을 뒤흔든다. 그렇게 말하려면 배워야 한

다. 이동우 소장의 말은 귀에 쏙쏙 들어온다. 간결하지만 명쾌한 핵심이 있다. '이동우의 10분 독서'와 다양한 강연을 통해 얻은 저자의 지혜와 통찰이 잘 녹아 있는 책이다.

-강병기, 인터비즈 네이버 비즈니스 판 운영팀장

지식 플랫폼 폴인이 두 시즌에 걸쳐 진행한 '이동우의 독서클럽'은 흡사 이동우 소장의 팬미팅을 방불케 했다. 참가자 대부분은 이동우 소장의 '이동우의 10분 독서' 콘텐츠를 동영상과 네이버 오디오클립을 통해 이미 알고 있었다. 당시에는 어떤 매력이 이런 두터운 팬덤을 만들었는지 궁금했는데, 이 책을 읽으며 비결을 깨달았다. 그처럼 생각을 정리하고 명쾌하게 말하는 법을 배운다면, 당신도 누군가의 마음을 움직일 수 있을 것이다.

-임미진, 중앙일보 폴인 팀장

개인 미디어 콘텐츠의 전성시대다. 이제는 자신의 생각을 제대로 표현할 줄 알아야 살아남을 수 있다. 이 책은 다년간 1인 콘텐츠를 운영한 저자의 풍부한 경험과 노하우가 고스란히 담겨 있다. 말을 잘하고 싶다면, 더 나아가 글쓰기를 잘하고 싶다면 일독을 권한다.

- 변신건, 신세계그룹 전략실 팀장

회의나 토론회에서 자기 얘기만 하느라 좀처럼 듣지 않는 사람들을 설득하는 건 부질없다. 이 책을 읽고 나서야 이 사실을 깨달았다. 좀 더 일찍 이 사실을 알았더라면 참 좋았을 텐데……. 수많은 회의와 발표를 해야 하는 모든 사람에게 무엇보다 도움이 될 책의 탄생이다.

-이상규, 경희대학교 경영대학원 스타트업 비즈니스 MBA 주임 교수

오늘도 횡설수설하고 상심했나요?

| 직장인 중 70퍼센트는 말을 잘 못한다? |

지금 저는 을지로입구역에서 가장 가까운 스타벅스에 앉아 이 책의 첫머리를 쓰고 있습니다. 말에 대한 이야기를 시작하기에 가장 좋은 장소이기 때문이죠. 점심시간이 되면 역 주변의 회사 건물에서 사람들이 쏟아져 나와 식사를 한 후 이곳에 모여 커피를 마십니다. 사생활부터 직장 내 문제까지 다양한 주제의 이야기가 등장합니다. 그들은 이야기를 주고받으며 때로는 웃고 때로는 화를 냅니다. 이야기는 계속해서 꼬리에 꼬리를 물고 이어집니다.

그렇습니다. 이곳에서 사람들은 말을 참 잘합니다. 카페에서 나오는 음악 소리에 묻혀 자기 목소리가 들리지 않을까 봐 평소보다 소리 높여 말하기도 하지요. 이들에게 달변가라는 칭호를 붙여도 전혀 이상하지 않을 정도입니다. 지금 이 책을 읽고 있는 여러분도 카페에서 친구 또는 직장 동료와 이야기할 때 대개 그렇지 않나요? 그 어떤 화제라도 막힘없이 이야기했던 경험이 누구나 있을 거예요. 하지만 우리는 자기 자신이 말을 잘한다고는 생각하지 않습니다. 왜 그럴까요?

2014년 잡코리아가 직장인을 대상으로 한 설문 조사를 보면, 대부분이 직장 내에서 커뮤니케이션에 어려움을 겪고 있었습니다. 그중 상사와의 커뮤니케이션이 힘들다고 응답한 사람은 무려 60.4퍼센트에 달했죠. 그리고 "직장에서 본인의 의견을 잘 말하는 편인가요?"라는 질문에 "그렇지 않다."라고 답변한 사람이 56.9퍼센트나 되었습니다. 절반이 넘는 사람이 의견을 말하는 데 어려움을 겪고 있었습니다.

또 2015년 국립국어원이 발표한 '직장 내 대화'에 관한 보고서에 따르면, '말하기' 능력이 기초 수준이거나 미달 수준인 사람이 무려 68.1퍼센트였습니다. '듣기'와 '읽기' 수

영역별 수준 등급 비율

	우수	보통	기초	기초 미달	기초 + 기초 미달
말하기	4.4%	27.4%	48.7%	19.4%	68.1%
듣기	33.7%	36.3%	20.3%	9.7%	30.0%
읽기	22.7%	38.1%	30.2%	9.0%	39.2%
쓰기	3.6%	27.0%	43.1%	26.3%	69.4%
문법	17.9%	37.5%	32.5%	12.0%	44.5%

출처 : 국립국어원

준이 떨어지는 경우가 각각 30퍼센트와 39.2퍼센트인 것과 대비하면, 두 배 가까이 높습니다. 흥미로운 점은 '쓰기' 능력이 떨어지는 사람의 비율도 무려 69.4퍼센트나 되었다는 겁니다. 말하기와 쓰기 능력이 듣기와 읽기 능력보다 현저하게 떨어지는 것이죠. 조사 결과를 눈으로 확인한 뒤, 저는 다시 카페 안을 둘러보았습니다. 지금 눈앞에 있는 저 수많은 달변가는 다 누구란 말인가요?

　우리는 보통 자신의 능력이나 리더십 혹은 운전 실력이 남보다 뛰어나다고 생각합니다. 누구나 자신은 좋은 리더십을 갖고 있으며, 운전도 잘한다고 여기죠. 이를 더닝 크루거 효과(Dunnig-Kruger effect)라고 합니다. 특정 분야에 대해 잘

모를수록 자신의 능력을 실제에 비해 과대평가하는 경향을 말합니다. 만약 직장인의 말하기 수준을 더닝 크루거 효과에 대입해본다면, 대부분은 자신이 말을 잘하고 있다고 답변해야 합니다. 그런데 70퍼센트에 가까운 사람들이 자신은 말을 잘하지 못한다고 생각한다니, 참 놀라운 결과가 아닐 수 없습니다.

| 당신이 말을 못한다고 느끼는 두 가지 이유 |

그런데 더닝 크루거 효과와는 정반대로 많은 직장인이 스스로 말을 잘 못한다고 생각하는 이유는 무엇일까요? 여러 논문과 관련 서적을 찾아보고 직장인을 대상으로 상담해본 결과, 두 가지 이유를 찾을 수 있었습니다.

첫째, 바로 상사 때문입니다. 상사는 조직 안에서 폭포 효과(Waterfall effect)를 만듭니다. 자신의 의견이 절대적인 것처럼 말하고 직원이 거기에 무조건 따르기를 바라죠. 이런 상사 밑에서 일하는 직원은 회의나 간담회 혹은 개별 면담 자리에서 자신이 말을 잘 못한다고 느끼게 됩니다. 흥미로운 건 그다음입니다. 이들은 상사 때문에 받은 스트레스를 풀기 위해 직장 동료와 함께 신나게 상사 험담을 합니다. 그런 자리에서는 오히려 화려한 입담을 자랑하지요.

둘째, 우리는 머리로 충분히 이해하고 있는 것을 말로 잘 표현하지 못할 때 스스로 말을 잘 못한다고 느낍니다. 회의에 참석하거나 발표할 기회가 생겼을 때 준비한 내용을 제대로 설명하지 못하고 나왔던 경험이 누구나 한 번쯤은 있을 겁니다. 이럴 때 대다수는 엄청난 후회와 자괴감을 느낍니다. '역시 나는 말을 잘 못해.'라면서 자신의 부족한 말하기 실력을 탓하죠. 그런데 과연, 정말로 말을 못하는 사람일까요? 대다수는 그렇지 않습니다. 물론 사회 공포증이나 무대 공포증 같은 증상 때문에 힘들어하는 이들도 있지만, 직장인의 70퍼센트가 모두 그러한 경우에 속한다고 보기는 어렵습니다.

그런데 첫 번째 이유라면, 사실 여러분의 잘못은 없습니다. 수많은 책이 상사 문제를 어떻게 극복할 수 있는지 다루고 있지만, 사실 조직 안에서 벌어지는 문제는 단순히 말하기 훈련을 한다고 해서 쉽게 극복할 수 있는 것이 아니죠. 기업의 조직 문화와 리더십이 근본적으로 변화해야만 해결할 수 있는 문제니까요.

두 번째 이유도 마찬가지입니다. 폴라니의 역설

(Polanyi's paradox)로 설명해볼까요? 화학자이자 철학자인 마이클 폴라니(Michael Polanyi)가 제창한 이 이론에 따르면, 인간은 자신이 지닌 모든 지식에 접근할 수 없습니다. 그래서 자신이 알고 있는 것보다 훨씬 더 적은 부분을 말할 수밖에 없죠. 어떤 분야를 막론하고 해당 전문가에게 그 일을 어떻게 해낼 수 있었느냐고 물으면, 전문가임에도 자기가 한 행동에 대해 정확하게 설명하지 못하는 경우가 태반입니다. 자기 안에 어떤 확신이 있다 해도, 자신이 한 행동의 이유를 모두 정확히 알 수 없을뿐더러 그것을 말로 정확히 설명하는 것은 불가능한 일에 가깝지요. 우리도 폴라니의 역설처럼 알고 있는 것을 제대로 설명하지 못하는 경우가 많습니다. 인간이라면 누구나가 그럴 거예요.

| 온몸으로 겪고 터득한 말 잘하는 비결 |

이제부터는 제 이야기를 해야 할 것 같습니다. 저는 경제경영 분야의 책을 읽고 말로 풀어 사람들에게 전달하는 일을 하고 있습니다. 공식적으로는 경제경영 분야 작가지만, 주로 '말'과 관련된 일을 많이 합니다. 그래서 많은 이가 제가 쓴 글보다 목소리를 더 많이 기억합니다. 영상이나 오디오 파일 그리고 강연을 통해서요. 그래서 지금부터 제가 몸소 터득한 '말 잘하는 비결'을 공개할까 합니다.

　본격적인 비결을 공개하기에 앞서 여러분이 먼저 알아두어야 할 것이 있습니다. 바로 우리는 말을 잘 못하는 사람이 아니라는 것입니다. 편한 자리에서는 거기가 어디든 우리는 유창한 말솜씨를 뽐냅니다. 그러나 애매하거나 정확히 파악되지 않은 내용을 말로 설명하거나 발표해야 할 때는 말을 잘 못합니다. 그래서 저는 이런 상황에서 어떻게 하면 말을 잘할 수 있는지를 이야기하려고 합니다. 어려운 내용을 정리하고 숙지해서 말로 술술 설명할 방법에 대해서요. 잊지 마세요. 말하기가 어려운 이유가 '말을 잘 못해서'가 아니라는 것을 말입니다.

CONTENTS

1장

한마디를 해도 귀 기울이게 하는
10가지 말하기 법칙

2장

중요한 것만 남기는 요약정리의 기술

3장

맥락을 알면 핵심이 보인다

4장

단순한 삶을 위한 집중하는 연습

5장

종이에 직접 쓰면 달라지는 것들

1장
:
한마디를 해도 귀 기울이게 하는
10가지 말하기 법칙

말을 많이 하는 것과 잘하는 것은 별개다.

– 소포클레스

최대한
말하지 말 것

"친구하고 이 야기할 때는 잘만 말하면서, 발표하려고만 하면 입이 떨어지지 않아요."

"말을 잘해보려고 화법 책도 여러 권 읽고 책 내용 그대로 연습했는데 말하기 실력이 그대로예요."

"회의 때 해야 할 말을 하지 못하는 경우가 많아서 속상해요."

우리 주위에는 이런 고민을 하는 사람이 많습니다. 그

만큼 말을 잘하기 어렵다는 뜻이죠. 말을 잘하기는 참 어렵습니다. 말을 잘해야겠다고 결심하고 입을 떼면, 우리는 내면의 에너지를 쏟아 온 신경을 말하기에 집중합니다. 상대방이 어떤 자세로, 어떤 마음으로 듣고 있는지도 생각하죠. 말을 잘하다가도 누군가가 집중해서 경청하는 걸 알아차리면 말하기가 더 어려워졌던 경험도 있을 겁니다. 중요한 발표 자리나 상대방을 설득해야 하는 회의 일정이 잡혀 있는 날이면 아침부터 긴장 모드로 돌입하고, 시간이 다가올수록 초긴장 모드가 되는 것도 자연스러운 현상입니다.

우리는 왜 이토록 말하기를 어려워하는 걸까요? 바로 말하기와 설득하기를 혼동하기 때문입니다. 우리는 누군가를 설득하려면 말을 잘해야 한다고 생각합니다. 하지만 누군가의 말을 듣고 진심으로 설득당해본 적이 있는지 가만 떠올려보세요. 아마 거의 없을 겁니다. 있더라도 아주 어릴 적이라 희미한 기억으로 남아 있겠죠. 우리는 성인이 되면 좀처럼 생각을 바꾸려 하지 않거든요. 『순간의 힘』의 두 저자 칩 히스(Chip Heath)와 댄 히스(Dan Heath)는 통찰을 하려면 누구의 도움도 받지 않고 스스로 진실을 깨달아야 한다고 말합니다. 사람은 말로 설명해서 설득할 수 있는 존재가 아니라는 거죠.

말하기와 설득하기를 나누어서 본다면, 지금까지와는 다른 방식으로 말 잘하는 방법을 설명할 수 있습니다. 바로 말을 잘하기 위해서는 말을 하지 않아야 한다고 말입니다. 다소 냉소적인 방법이라고 생각할지도 모르겠지만, 직접 경험해보니 이 방법은 아주 효과적이었습니다. 『대화의 신』을 쓴 래리 킹(Larry King)은 '토크쇼의 제왕', '대화의 신'이라 불리는 세계 최고의 앵커입니다. 우리는 수많은 사람과 성공적인 대화를 이어 나갔던 그의 말 잘하는 노하우를 전수받고 싶어 합니다. 그런데 막상 래리 킹은 방송에서 말을 많이 하지 않습니다. 그는 언제나 잘 듣습니다. 그리고 가끔 질문합니다. 여기서 우리는 말을 많이 하는 것과 말을 잘하는 것에는 관계가 없다는 것을 다시 한번 알 수 있습니다.

이쯤에서 일상에서 흔히 볼 수 있는 대화 유형을 살펴보겠습니다. A는 이제 막 회사에 신입 사원으로 입사했습니다. 처음 하는 사회생활에 적응하느라 스트레스가 이만저만이 아니죠. 오랜만에 친구 B를 만나 이런 고충을 털어놓습니다.

"입사한 지 한 달이 되었는데 아직도 매일 실수해. 어제도 글쎄 한 달 내내 했던 업무인데 또 실수해서 사수 얼굴이 붉으락푸르락했다니까. 눈치가 보이기도 하고, 내가 한심하게만 느껴져."

"그건 아무것도 아니야. 내가 사회생활 처음 했을 때는 그보다 더했다니까? 내 사수는 한숨을 푹푹 쉬었어. 그때 받은 스트레스로 매일 아침 눈 뜨면 회사 가기 싫다는 생각부터 했다고. 네가 겪은 건 누구나 겪는 정도 아니야? 나에 비하면 편하게 회사 다니는 거야. 그건 그렇고 최근에 내가 고민이 있는데……."

친구 B는 A의 고민을 가볍게 넘기고 본인 이야기를 하느라 바쁩니다. 그날 A와 B는 두 시간 동안 이야기했습니다. 그런데 집에 돌아온 A는 B를 만나기 전보다 더 답답해졌습니다. 고민을 제대로 털어놓지도 못했고, 친구 B의 얘기를 들어주는 데 시간을 다 보냈거든요.

다음 날 A는 친구 C와 만납니다. C에게도 자신의 고충을 털어놓았죠. 그러자 C가 말합니다.

"정말, 그런 일이 있었어? 힘들었겠다."

"너는 이런 적 없었어? 나 요즘 너무 힘들어."

"나도 그런 적 있지. 회사 가기 싫었던 적도 많아. 너도 지금 그래?"

"응, 나도 그래. 글쎄 어제는 말이야……."

앞서 B와 했던 대화와의 차이가 느껴지나요? 누구라도

B와의 대화보다 C와의 대화를 훨씬 좋은 대화라 여길 겁니다. 저는 누군가를 만나 이야기를 나눠야 하는 순간이 오면 늘 '오늘은 말하지 말아야지'라고 혼자 되새기곤 합니다. 이런 다짐을 하고 대화를 시작하면 신기한 일이 벌어집니다. 상대방의 이야기를 집중해서 듣고 가끔 던지는 질문에 대답만 했을 뿐인데, 마지막에는 항상 "오늘 대화 즐거웠습니다." 혹은 "오늘 말씀 잘 들었습니다."라는 인사를 듣거든요. 저는 주로 듣고 그 사람 혼자서 이야기를 늘어놓았는데도 말이죠.

사실 사람들은 쓸데없는 내용을 장황하게 늘어놓으며 길게 말하는 걸 좋은 말하기라고 생각하지 않습니다. 그렇게 길게 이야기하면 상대방은 듣다가 딴생각을 할지도 모릅니다. 혹시 누군가에게 "그래서 네가 말하려는 핵심이 뭔데?"라는 말을 들었던 적이 있나요? 그렇다면 여러분은 말이 너무 많은 사람일 수도 있습니다.

말을 잘하려면, 말을 하지 마세요. 물론 묵언 수행을 하라는 건 아닙니다. 해야 할 말은 해야지요. 하지만 누군가가 물어보지 않는 이상, 속마음 혹은 지금 하는 일을 먼저 이야기하지는 마세요.

말을 적게 하는 여러 방법이 있지만, 우선 두 가지만 이야기해보려고 합니다. 첫째, 일상생활에서 최대한 말을 줄이세요. 친구나 직장 동료를 만나 수다를 떨 때도 마찬가지입니다. 누군가가 질문했을 때 대답하는 정도로만 하는 게 좋습니다. 마치 목감기에 걸려서 말을 못 하게 된 사람처럼 말입니다. 그러면 상대는 오히려 여러분의 말을 더 들으려고 할 겁니다. 쓸데없는 말을 하지 않으니 자연스럽게 경청하게 되죠. 여러분을 말수가 적고 신중한 사람으로 여기면서요.

둘째, 필요한 이야기만 하세요. 이건 중요한 자리에서 말할 때 아주 유용한 방법입니다. 상사에게 보고하거나 여러 사람 앞에서 발표해야 하는 자리에서 활용할 수 있죠. 상대방에게 필요한 이야기만 할 때 여러분의 말은 힘을 얻습니다. 장황하게 설명한다고 해서 상대방이 모든 내용을 다 기억할 것이라는 생각은 금물입니다. 전날 밤 재미있게 보았던 드라마 혹은 영화 줄거리를 이야기하는 게 아니니까요. 여러분이 말을 마치면 약간의 침묵이 흐릅니다. 그때 가만히 그 침묵을 즐기세요. 그러면 상대방은 다시 여러분에게 질문할 겁니다. 질문은 곧 대화의 시작입니다. 이때부터 진짜 의미 있는 대화가 시작됩니다.

말하기 전에
손으로 적을 것

서점에 가면 말하기 책이 얼마나 많은지 알 수 있습니다. 말하기에 관한 책이 자기계발 베스트셀러 목록의 절반을 차지할 정도죠. 서점의 베스트셀러 순위는 지금 이 시대 사람들의 필요와 욕망을 반영하잖아요? 이건 그만큼 말을 잘하고 싶은 사람이 많다는 이야기입니다.

인간관계나 소통, 설득을 위한 말하기 책은 물론이고, 운이 좋아지거나 돈을 더 벌 수 있는 말하기 비법까지, 다루는 내용도 굉장히 다양합니다. 예전엔 직업적으로 필요한 일부 사람만 스피치 학원에 다녔다면, 지금은 누구나 조금 더 말을 잘해야 하는 세상이 된 거예요.

하지만 이렇게 많은 말하기 솔루션이 쏟아지고 있음에도, 여전히 많은 사람이 착각하는 것이 하나 있어요. 바로 소리 내어 말하는 것이 말하기의 전부라고 생각하는 점입니다. 말투든 말할 때의 태도든 다른 특별한 유창한 말하기 기술이든 모두 소리 내어 말하는 데에만 초점을 맞추고 있어요. 하지만 이것만으로는 충분하지 않습니다. 진짜 어려운 말하기, 그러니까 복잡하고 난해한 소재를 쉬운 말로 풀어내는 방법은 알려주지 않기 때문이죠. 사실 어떤 일이든 직업을 갖게 된 순간부터 우리는 일상적인 말하기보다 일로써의 말하기에 더 큰 비중을 둡니다. 상사와의 대화가 어려운 이유도 이 때문이겠죠. 다루기 까다롭고 모호한 개념들을 완전히 소화하여 쉽게 전달해야 하는데 그게 마음처럼 잘 안 되니까요.

그래서 많은 사람이 자신이 잘 알고 있는 것도 제대로 전달하지 못해 좌절감을 느낍니다. '나는 말을 잘 못해.'라며 자책하고 중요한 자리가 생길수록 두려움을 느끼죠. 그렇다면 어떻게 해야 할까요? 여기 최고의 솔루션이 하나 있습니다. 바로, 손으로 적는 연습을 하는 겁니다. 적어보고 내용에 익숙해진 후 말로 표현하면 훨씬 술술 나옵니다. 뜬금 없어 보일지도 모르겠지만, 이게 바로 글쓰기의 힘입니다.

저는 2014년부터 지금까지 '이동우의 10분 독서'라는 동영상 콘텐츠를 만들어왔습니다. 경제경영과 자기계발 분야의 책을 리뷰하는 콘텐츠인데, 이미지와 텍스트를 기반으로 동영상을 디자인하고 여기에 내레이션을 덧붙입니다. 물론 제 목소리로요.

저는 내레이션을 녹음하기 전에 직접 손으로 원고를 씁니다. 15분가량의 콘텐츠라 원고 분량도 상당한데, 쉬지 않고 쓰면 대략 네 시간 정도 걸립니다. 작업 후에 몇 시간 동안은 손이 얼얼할 정도죠.

"아니 컴퓨터로 작업하면 되지, 왜 미련하게 손으로 작업하고 그래?"

분명 이렇게 말하는 사람도 있을 겁니다. 하지만 그건 손으로 쓴 글의 위력을 몰라서 하는 소리입니다. 이른바 육필 원고는 따로 연습하지 않아도 입에 착착 붙습니다. 발성 연습을 해본 적도 없고 성우 학원에 다니지도 않았지만, 손으로 작업한 원고로 녹음을 하면 거의 실수가 없습니다.

중요한 발표 자리를 앞둔 하루 전날, 저는 발표할 내용

중 중요한 키워드를 중심으로 종이에다 적습니다. 이 종이는 저를 실수로부터 지켜줄 무기가 되죠. 강의 때도 마찬가지입니다. 평소에 파워포인트 강의보다 칠판 강의를 더 선호하는데, 네 시간 동안 쉬지 않고 강의해야 하는 경우에도 중요한 키워드를 적은 종이 몇 장만 들고 갑니다.

종이에 직접 쓴 글에는 생각보다 큰 힘이 있습니다. 손으로 글을 쓰면 일단 집중력이 올라갑니다. 정보를 뇌에 입력하는 여러 방법 중 손으로 쓴 글에는 차원이 다른 효용성이 있거든요. 종이를 굳이 보지 않아도, 이미 손으로 적어본 내용이기에 더 오래 기억됩니다. 쓰는 행위는 뇌의 일부분, 즉 뇌에서 주의력을 담당하는 뇌간의 망상 활성계를 자극합니다. 손으로 글을 쓰면 망상 활성계가 노르아드레날린, 세로토닌, 아세틸콜린 같은 신경전달물질을 대뇌피질에 전달해 집중도를 높여준다고 합니다.

프린스턴대학교와 캘리포니아대학교 로스앤젤레스 캠퍼스(이하 UCLA)에서 발표한 '키보드보다 더 강력한 펜'이라는 연구(「The Pen Is Mightier Than the Keyboard: Advantages of Longhand Over Laptop Note Taking」, 『Psychological Science』, 2014)에는 노트북 타이핑과 노트 필기가 각각 성적에 어떤 영향을 미치는지에 관한 실험이 등장합니다.

첫 번째 실험은 프린스턴대학교 학생 65명을 대상으로 TED 강의를 시청하면서 이를 노트북에 기록하거나 종이에 펜으로 쓰게 했습니다. 이 실험은 노트북을 사용한 학생과 종이에 필기한 학생 중 누가 더 내용을 잘 이해했는지 판단하기 위해 설계한 실험이었죠. 결과는 종이에 필기한 학생이 전반적으로 성적이 더 좋았습니다. 인터넷을 차단했음에도 노트북으로 필기한 학생은 펜으로 필기한 학생보다 내용을 정확하게 이해하고 파악하는 수준이 낮았습니다.

두 번째 실험에서는 노트북을 사용하는 학생에게 강사가 말하는 내용을 모두 적지 말고, 개념 정리를 하면서 적거나 자신만의 언어로 바꾸어 적으라고 했습니다. 하지만 성적은 나아지지 않았습니다.

세 번째 실험은 UCLA 대학생 109명이 참가했는데, 참가자를 총 네 그룹으로 나누어 실험을 진행했습니다. 첫 번째 그룹과 두 번째 그룹은 모두 노트북으로 타이핑하되 첫 번째 그룹만 시험 전에 복습을 했습니다. 세 번째 그룹과 네 번째 그룹은 모두 손으로 필기하고, 세 번째 그룹만 시험 전에 복습을 했습니다. 노트북 메모와 수기 메모가 각각 어떤 효과가 있는지 정확히 파악하기 위한 실험이었죠.

짐작했겠지만, 실험 결과 세 번째 그룹, 그러니까 손으로 적고 복습도 한 그룹의 성적이 가장 좋았습니다. 그리고 손으로 적은 그룹은 노트북으로 적은 그룹보다 메모 내용이 적었음에도 단순 암기와 개념 이해 질문에서 더 높은 점수를 받았습니다.

온 세상이 디지털로 이동하고 있는 시대에 손으로 글을 쓴다면 구시대적인 사람, 아날로그적인 사람으로 비칠 수도 있습니다. 그러나 저는 무언가를 기억하는 방법 중 이보다 좋은 방법을 아직 찾지 못했습니다.

이쯤 되면 텔레비전 강연이나 인터뷰에서 거침없는 말로 사람들을 매혹하는 전문가 몇몇을 떠올리며, 그들은 타고난 말솜씨로 별다른 노력 없이 말을 잘하게 되었다고 생각하는 사람도 있을 겁니다. 하지만 전문가로 인정받기 위해 그들이 얼마나 많이 노력했을까요? 수많은 논문과 책을 쓰고, 자신의 연구 내용을 많은 사람 앞에서 발표하기도 했을 겁니다. 이런 경험이 쌓여 그 어떤 자리에 가서도 자신 있게 말할 수 있게 된 것이겠죠.

여전히 '굳이 손으로 직접 써야 할까? 키보드로 작업하면 안 될까?'라고 생각하나요? 한 번 더 강조하면, 키보드로 글을 써서는 절대 같은 효과를 내기 어렵습니다. 손으로 쓰는 것과 키보드로 타이핑하는 작업은 완전히 다르니까요.

전자가 뇌에다 손으로 꾹꾹 눌러 쓰는 것이라면, 타이핑은 그렇지 않습니다. 발표할 내용을 타이핑해서 그걸 보고 말해보세요. 어색한 부분이 꽤 있을 겁니다. 호흡과 문장의 진행이 일치하지 않아 그런 거예요. 그래서 비서관이 타이핑한 문서를 보고 발표하는 정치인이 어색해 보이는 겁니다.

마지막으로 직접 손으로 적으면 부수적인 효과도 있습니다. 중요한 자리에 참석한다면, 상대방이 하는 이야기의 키워드를 적어보세요. 내용을 기억하기에도 좋고, 상대방을 긴장하게 하는 역할도 합니다. 자신이 말하는 것을 상대방이 종이에 적고 있다면 허튼소리는 못 하겠지요? 중요한 발표 자리나 상사에게 보고하는 자리일수록 직접 메모한 노트를 펼쳐놓고 이야기를 나누세요. 이것은 컴퓨터로 작업한 보고서나 자료보다 여러분을 더 신중한 사람, 노력하는 사람으로 보이게 해줍니다.

법칙 3

듣기 좋은
상황을 만들 것

말하기에서
가장 먼저 해야 할 일은 상대방이 말을 들을 수 있는 환경인
지 판단하는 것입니다. 적당한 환경이 아니라면, 말을 잘 들
을 수 있도록 환경을 만들어주면 됩니다. 예를 들어 스타벅
스 지점에는 편안한 소파와 낮은 테이블이 놓인 자리가 있
습니다. 편안한 소파 때문인지 사람들은 이 자리를 좋아합
니다. 그런데 이 자리는 말하기에도 좋은 자리일까요? 냉정
하게 말하면 최악의 자리입니다. 바로 사람 간 거리 때문입

니다.

　문화인류학자 에드워드 홀(Edward Hall)은 사람과 사람 사이의 거리를 공적인 거리, 사회적 거리, 개인적 거리, 친밀한 거리로 구분했습니다.

　공적인 거리는 보통 정치인이나 연예인이 주변 사람과 두는 거리로, 3미터 정도입니다. 강단에서 강의하는 사람도 이 거리를 유지해야만 청중이 편안하게 들을 수 있죠.

　사회적 거리는 약 1.2미터부터 1.6미터로, 낯선 사람과 있어도 불편하지 않을 정도의 거리죠. 대표적인 사회적 거리는 바로 회사에서 확인할 수 있습니다. 대부분의 기업은 폭이 1.2미터 혹은 1.6미터의 책상을 사용합니다. 또 호텔 커피숍에도 사회적 거리가 적용되어 있습니다. 호텔 커피숍에서는 낯선 사이가 처음으로 인사를 나누는 경우가 많기 때문이죠. 앞서 말한 스타벅스의 편안한 자리도 사회적 거리에 해당합니다. 사회적 거리는 처음 만난 사람에게 불편함을 주지 않는 안정적인 거리이지만, 무언가를 적극적으로 이야기하기에는 적당하지 않습니다.

　개인적 거리는 문화권마다 조금씩 차이가 있지만 대략 90센티미터에서 1미터입니다. 커다란 우산이 만들어주는 공간의 크기와 비슷하죠. 그래서 사회적인 관계에 있는 사람은 이 거리에 들어오지 못 하는 것이 일반적입니다. 낯선 사람과 처음 우산을 같이 쓰면 어색한데, 그것은 낯선 사람이 내 개인적 거리 안에 들어왔기 때문이죠. 그래서 일단 이 거리에 누구를 들인다는 건 상대방과 친하다는 의미입니다.

친밀한 거리는 45센티미터 정도로, 연인 사이에 어울리는 거리입니다. 낯선 사람이 이 거리 안으로 들어오면 오히려 거리를 두기 위해 뒤로 물러나게 됩니다.

그렇다면 누군가와 이야기하기에 가장 좋은 거리는 무엇일까요? 바로 개인적 거리나 친밀한 거리입니다. 사실 거리가 가까우면 가까울수록 상대를 설득하기는 더 쉽습니다. 미연방수사국(FBI)이 용의자를 심문하거나 설득할 때 이용하는 거리도 바로 개인적 거리입니다. 그들은 마주 보고 앉아 서로 무릎이 닿을 수 있는 거리에서 상대방을 가장 잘 설득할 수 있다는 것을 경험으로 알고 있기 때문이죠.

그러니까 누군가를 설득하려면, 혹은 상대방에게 중요한 이야기를 전달하려면 최대한 가까이 앉아야 합니다. 가까이 다가갈수록 상대방은 여러분이 하는 이야기에 더 경청할 수밖에 없습니다. 인간은 본능적으로 자기 공간을 방어하려고 하는데, 일단 그 공간이 허물어지면 상대의 방어기제가 허물어지므로 설득이 더 쉬운 거죠.

언젠가 노련한 자동차 영업자를 만난 적이 있습니다. 그는 공간에 대한 개념은 정확하게 몰랐지만, 처음 만난 고객에게 어떻게 다가가야 하는지는 정확하게 알고 있었습니다. 우선 처음 만났을 때 그는 명함을 건네주고 고객을 자리로 안내합니다. 이때 둥글거나 네모난 테이블에 고객을 앉히고 자신은 건너편에 가 앉습니다.

이로써 사회적 거리가 만들어집니다. 그리고 잠깐 이야기를 나누다가 자동차 브로슈어나 견적서를 가지고 오겠다면서 자리를 뜹니다. 그다음 자료를 들고 그가 앉는 자리는 바로 고객의 옆자리입니다. 그는 이 과정을 통해 사회적 거리에서 개인적 거리로 들어가는 데 성공합니다. 대부분의 사람은 이를 거절하지 못합니다. 왜냐하면 브로슈어와 견적서를 함께 보면서 이야기를 나누는 편이 더 편하다고 생각하기 때문이죠.

그다음은 무엇일까요? 바로 자동차를 시승해보는 것입니다. 자동차 옆자리에 앉으면 친밀한 거리가 형성됩니다. 최대한 가깝게 다가앉은 거리에서 본격적인 설득이 시작됩니다. 일단 이 거리에 들어온 사람의 이야기는 잘 들을 수밖에 없어요. 설령 그가 처음 만난 사람이라 해도 말이죠.

그렇다고 무작정 가깝게 다가가야 한다는 건 아닙니다.

지하철역 주변을 걸어가다 보면 이렇게 말을 걸어오는 사람을 종종 만날 수 있습니다. 순식간에 아주 가까이 다가와 친근하게 말을 걸죠.

"눈동자가 참 맑으시네요. 과거에 착한 일 많이 하셨나 봐요."

이때 여러분은 어떻게 행동하시나요? 설마, 친근감을 느끼며 반갑게 대화를 이어가는 분들은 없겠죠? 대부분 화들짝 놀라며 뒤로 물러서겠죠. 낯선 사람이 갑자기 친밀한 거리 안으로 들어오니 본능적으로 거리를 두기 위해 몸이 저절로 움직입니다.

앞서 노련한 영업자가 친밀한 거리에서 설득을 시도할 수 있었던 건 사회적 거리에서 개인적 거리로, 개인적 거리에서 친밀한 거리로 차근차근 단계별로 거리를 좁혀나갔기 때문입니다.

이렇듯 말하기 전에 상대방이 잘 들을 수 있도록 환경을 조성하는 것이 아주 중요합니다. 설득하는 순간에 최대한 가깝게 다가갈 수 있다면 가장 좋습니다. 작은 테이블을 마주하고 앉든가 식당에서 나란히 앉는 것이죠. 만약 이렇게 할 여건이 안 된다면, 같이 걸으세요. 일단 나란히 걸으면 친밀한 거리가 형성됩니다.

무엇을 말할 것인가는 그다음 문제입니다. 일단 적당한 거리가 만들어지면 상대방은 긴장을 풀고 들을 준비가 됩니다. 상대방이 들을 준비가 되어야 여러분도 말을 잘할 수 있습니다. 말하기 전에 상대와의 거리부터 따져보세요.

3가지만
강조할 것

"오늘 강의에
와주신 여러분, 감사합니다. 저는 오늘 딱 세 가지만 말씀드
리겠습니다."

"제가 오늘 방송에서 말씀드린 내용은 여러 가지인데
요, 그중에서 세 가지만 기억하시면 됩니다."

"오늘 미팅에서 기억할 만한 것은 세 가지 정도인 것
같네요. 그렇죠?"

말하기에 기술이 필요하지 않은 것은 아닙니다. 그러나

그 기술은 스피치 학원에서 가르쳐주지 않습니다. 여기서 기술이란, 말을 잘하기 위해 지켜야 할 규칙입니다. 세 가지만 강조하는 것이 그 규칙 중 하나입니다. 저는 이 규칙을 거의 매일 사용하는데 효과가 꽤 좋습니다.

잠깐 브랜드와 마케팅에 대해 이야기를 하겠습니다. 여러분이 특정 상품, 예컨대 핸드백, 구두, 넥타이, 셔츠 등을 구매하기 위해 백화점에 갔다고 해봅시다. 그날 시간이 여유로워서 두 시간 동안 매장 여덟 군데를 살펴보고 마음에 드는 물건 몇 가지를 생각해두었습니다. 여러분은 과연 어떤 물건을 고르게 될까요? 단언컨대 그날 아무것도 구매하지 못할 겁니다. 우리 뇌는 일곱 개 이상의 브랜드와 상품을 구별해내지 못하거든요.

인간이 무엇인가를 기억할 수 있는 메모리의 용량, 이른바 '워킹메모리'의 용량은 무한하지 않습니다. 그 한계는 우리가 생각하는 것보다 작지요. 집중력이 좋은 사람은 네 개까지 기억한다고도 하지만, 우리 뇌는 보통 세 개 내외의 정보를 기억합니다. 멀티태스킹을 자주 하거나 집중력이 좋지 못한 사람들은 그나마 두 개 정도를 기억하며, 우울증이 심한 사람은 한 개에 그친다고 합니다.

여기에서 말하는 세 개는 세 덩어리를 의미합니다.

대표적으로 휴대전화 번호가 여기에 해당합니다. '010-1234-5678' 같은 휴대전화 번호에 아무런 규칙이 없어 보이지만, 이 번호는 열한 개의 숫자가 아니라 세 개의 덩어리로 이루어져 있습니다. 그러니 조금만 집중하면 외울 수 있죠. 그렇다면 신용카드 번호는 어떨까요? 신용카드 번호는 네 개씩 네 그룹, 즉 총 열여섯 개의 숫자로 구성되어 있습니다. 휴대전화 번호보다 그룹 하나가 더 있는 정도지만, 자신의 카드 번호를 외우지 못하는 사람이 태반이죠. 주민등록번호는 어떤가요? 주민등록번호는 열세 개의 숫자 조합으로 되어 있지만 두 개의 그룹으로 되어 있어 비교적 외우기가 쉽습니다.

그러므로 이야기할 때도 세 가지만 이야기하는 것이 좋습니다. 사장이 임원에게 지시할 때, 팀장이 팀원과 회의할 때, 강의를 할 때, 중요한 사람에게 무언가를 발표할 때, 면담이나 상담 혹은 코칭을 할 때 등 모든 말하기 경우에서 '세 가지만 말하기' 규칙은 효과를 제대로 발휘합니다. 상대방은 적어도 세 가지만큼은 머릿속에 제대로 기억할 수 있거든요.

말을 잘해야 한다는 생각 때문에 가능한 한 많은 정보를 이야기하려고 하는 사람이 많습니다. 그 생각은 욕심으로 이어집니다. 청중이 알아야 할 게 무엇인지 줄줄 나열하면서 지적 우월감을 드러내고 싶어 하지요. 그러다가 분위기가 무르익으면 이른바 '작두를 타고' 자기 말에 취해 질주하기 시작합니다. 듣는 상대는 아랑곳하지 않고요. 그런데 잠깐! 그렇게 해서 효과를 본 적이 있었던가요?

언젠가 모 은행의 지점장들을 대상으로 강의를 한 적이 있습니다. 그들은 토요일 아침에 특별 교육을 받기 위해 연수원을 찾아왔습니다. 그리고 그날 저는 최악의 강의를 하고 말았습니다. 너무 많은 이야기를 했거든요. 두 시간 동안 보여준 파워포인트 슬라이드는 총 70여 장, 거의 2분당 한 장 이상의 슬라이드를 넘기며 강의했습니다. 많은 이야기를 전하고픈 욕심에 그렇게 했던 것이죠. 하지만 너무 많은 이야기를 한 나머지 청중은 그 무엇도 기억하지 못하게 되었습니다. 결국 그 은행에서는 두 번 다시 저에게 강의 요청을 하지 않았습니다.

지금은 절대 그렇게 하지 않습니다. 아무리 중요한 자리에서 강의를 한다 해도, 아무리 중요한 사람과 미팅을 한다 해도 세 가지만 말하기 규칙은 반드시 지키려 합니다. 물론 예외는 있죠. 상대방에게 많은 정보를 꼭 전달해야 하는 상황도 있으니까요. 하지만 이때도 그저 세 가지만 이야기하겠다고 말하고, 더도 말고 덜도 말고 정말 세 가지만 말합니다. 공식적인 이야기는 거기에서 끝내고, 상대방이 정보를 더 듣고 싶어 할 때 추가로 말하는 식으로 진행합니다. 부록처럼요. 대화의 주인공은 항상 이야기를 듣는 상대방이고, 강의를 듣는 청중이어야 합니다. 말하는 사람, 강의를 하는 사람은 주인공에게 이야기를 전달하는 사람일 뿐이라는 걸 반드시 기억하세요.

우리는 직감적으로 말 많은 사람과 말 잘하는 사람을 분간합니다. 솔직히 말 많은 사람은 거슬리죠. 아무리 좋은 이야기를 멋지게 떠들어도 우리는 그를 말 잘하는 사람이라고 생각하지 않습니다. 말 잘하는 사람은 그렇게 말이 많지 않습니다. 그들은 해야 할 이야기를 하고, 청중이 듣고 싶어 하는 말을 할 줄 압니다. 그리고 세 가지만 말하기 규칙을 어기지 않습니다.

결론부터
말할 것

"그러니까 자네가 하고 싶은 말은 뭔가?"

"서론은 그만 됐고, 결론부터 말해봐."

우리가 사회생활을 하면 한 번 이상은 듣게 되는 말입니다. 뭐 그렇게 성격이 급한지 그들은 무조건 결론부터 들으려 합니다. 말하는 사람의 의도는 고려하지 않는 다소 무례한 행동일지도 모르겠네요. 아무튼 이런 현실을 마주했을 때 우리는 결론부터 말해야 합니다. 당황스러운 일이지만,

이야기를 듣는 상대방이 원하니 그렇게 해주는 수밖에요. 이런 일이 한두 번 반복되고 나면 우리도 어느 순간 결론부터 말하는 것에 익숙해집니다.

그런데 결론부터 말하는 건 좋은 말하기 방법이지만, 결론부터 말해야 하는 이유를 대개 잘못 알고 있다는 데 문제가 있습니다. 우리는 누군가가 급하게 요청하니까 결론부터 말해야 한다고 여겨왔습니다. 그런데 결론부터 말해야 하는 진짜 이유는 그게 아닙니다. 당연한 말이지만 자신이 하는 행동의 이유를 아는 것과 모르는 것에는 많은 차이가 있지요. 그러니 이유를 제대로 짚고 넘어가야 합니다.

이미 눈치를 챈 독자가 있겠지만, 이 책은 앞뒤가 바뀐 구조로 되어 있습니다. 대부분의 자기계발서는 여러 상황과 이야기를 앞에 배치하고 결론을 뒤에 배치하는 경우가 많지요. 거의 모든 책은 이런 구조로 되어 있습니다. 그런데 이 책에서는 그 구조를 바꾸어버렸습니다. 말하기 책이니까요.

말은 글보다 시대 상황을 더 많이 반영합니다. 말하면서 사용하는 어휘와 뉘앙스는 직관적이고 함축적이기 때문이죠. 어떤 사람은 우리가 스마트폰에서 주고받는 문자의 형태가 시대를 더 반영한다고 말하지만, 그 텍스트는 문어체보다 구어체, 즉 말에 더 가깝습니다. 그렇기 때문에 스마트폰 문자에 축약된 언어가 많이 등장하는 것이죠.

우리는 서사가 사라진 시대에 살고 있습니다. 과거에는 모든 스토리가 '서론-본론-결론', '기-승-전-결' 같은 서사적인 구조로 되어 있었습니다. 하지만 지금은 그 구조가 완전히 파괴되었습니다.

블록버스터 영화를 예로 들어 볼까요? 요즘 영화는 도입부에 클라이맥스에 해당하는 장면이 등장하는 경우가 많습니다. 물론 그 장면을 다 보여주지는 않아요. 궁금증을 유발하는 정도로만 보여주니 관객은 영화에 더욱 집중하게 됩니다. 그러면 영화는 며칠 전 혹은 몇 개월 전으로 이동하여 이야기를 다시 시작하고, 그제야 서사적인 스토리가 등장합니다. 이제는 잔잔하게 시작하는 영화를 차분하게 기다리며 봐줄 관객이 거의 존재하지 않기에 이런 식으로 전개되는 영화가 많아졌어요.

이제는 우리가 누군가에게 서사적인 구조로 이야기를 하면, 상대방은 그 스토리의 구조와 전개 과정을 참아내지 못합니다. 그리고 서둘러 결론부터 들으려 합니다. 그러다 보니 말하는 사람도 점점 결론부터 말하게 되는 것이죠.

사람들은 왜 결론부터 보려 할까요? 그 이유에 대해 자세히 설명해보겠습니다. 1990년대 후반에 이르러 미래학자들은 줄을 이어 새로운 예측을 쏟아내기 시작했습니다. 당시 수많은 트렌드 캐스터와 헌터가 미래에 펼쳐질 일에 관한 예측을 내놓았죠. 덕분에 우리는 모두 미래주의자가 되었고, 한편으로는 정말로 세계 종말이 올지도 모른다는 생각도 했습니다.

그런데 갑자기 변화가 생기기 시작했습니다. 2000년대로 넘어가면서 미래를 향하던 모든 것이 수그러들기 시작했어요. 사람들은 세상이 어디로 향하는지에 관한 생각을 멈추고 지금 어디에 있는지를 생각하기 시작했습니다. 이를테면 금융 분야에서는 투자의 미래가치가 현재가치보다 덜 중요해졌어요. 미래에 대한 기대보다 현재를 더 중요하게 보기 시작한 것이죠. 미래에서 현재로 대규모 사회적 이동이 일어났습니다.

이전까지의 세상은 공산주의, 프로테스탄티즘, 공화주의, 유토피아주의, 메시아주의 등 각종 '주의'로 점철되어 있었습니다. 이런 주의는 거대한 서사를 기반으로 합니다. 즉 스토리텔링이 잘되어 있죠. 스토리텔링은 이미 사회적으로 승인된 문화적 가치를 지닙니다. 심지어 뇌과학자들도 서사성이 세상을 구체적으로 인식하는 핵심 구성 요소가 될 만하다고 의견을 낼 정도로요. 인지과학자 마크 터너(Mark

Turner)는 자신의 저서 『문학적 마음(The Literary Mind)』에서 "서사적 상상력, 즉 스토리는 사고의 기본 도구다. 거기에 이성적 능력이 기댄다. 미래를 생각하고 예측하고 계획하며 설명하는, 우리 인간의 주요 수단인 것이다."라고 언급했습니다. 그만큼 인간에게 서사성, 즉 스토리텔링은 중요한 것이지요.

매체로서의 스토리는 정보와 가치를 담아 미래 세대로 넘겨주기에 탁월한 도구입니다. 예컨대 아이는 잠자리에 들기 전에 이야기를 해달라고 조릅니다. 조부모 또는 부모가 아이에게 해주는 이야기에는 종교와 신화, 그리고 한 국가의 역사가 담겨 있고, 거기에는 세세손손 보존되고 증진되길 바라는 어떤 가치가 들어 있게 마련입니다.

하지만 이제 사람들은 새로운 서사를 원합니다. 차근차근 이야기할 수 있는 시간이 사라진 거죠. 결국 미디어는 기다려주지 않는 사람들을 위해서 무언가를 해야만 했습니다. 채널을 종횡무진 휘젓고 다니는 시청자가 많아지면서 광고주는 위기에 빠졌습니다. 이제는 넋 놓고 광고를 들여다보는 시청자가 거의 없기 때문이죠. 그래서 특별한 장치를 하지 않아도 시청자가 볼 수밖에 없는 콘텐츠를 개발하기 시작했습니다. 이제 연출자는 포물선 모양의 전통적인 서사

없이 순간적으로 사람의 마음을 움직일 수 있어야 했습니다. 그래서 시청자의 말초신경을 자극하기 위해 고통스럽고 민망한 개인의 불행을 다루기 시작했죠. 사람들은 이제 이런 가혹 행위뿐만 아니라 타인에 대한 굴욕과 모멸을 즐기기까지 합니다. 이런 연유로 텔레비전 프로그램의 질은 나날이 떨어지고 있습니다.

이런 서사 없는 세상에 대한 첫 반응은 홀가분하다거나 씁쓸하다는 것입니다. 이런 세상에 적응한 젊은이들은 미디어 소비 양태뿐만 아니라 사회적, 신체적 활동의 양태도 변했습니다. 기분 내키는 대로 혼자 즐기는 스케이트보드나 스노보드 같은 스포츠의 인기는 비서사적 매체와 맥을 같이 합니다. 스케이트보드나 스노보드는 짧은 영상만으로도 사람들의 시선을 끌기에 충분합니다. 그래서 청소년은 자신의 묘기를 촬영해 온라인에 업로드한 후 관심을 받는 걸 즐깁니다.

메이저리그 야구 경기의 더블 플레이 장면을 초소형 화면에 뜬 10초짜리 동영상으로는 제대로 감상할 수 없습니다. 하지만 한 사람이 스케이트보드로 과감히 공중제비를 도는 장면을 보기에는 충분하죠. 그러니까 결론은 간단합니다. 무언가를 말해야 한다면 결론부터 말하세요. 너무 간단한 이야기를 길게 설명했나요? 그렇게 생각할 수도 있겠지만, 결론부터 말해야 하는 이유를 아는 것과 모르는 것은 큰 차이가 있습니다. 상대방이 여러분의 이야기를 처음부터 끝까지 들어주리라 생각하지 마세요. 여러분의 이야기는 블록버스터 영화보다 재미없을 가능성이 크고, 상대방의 인내심은 재미없는 이야기를 참아내지 못할 겁니다.

따라서 결론부터 이야기한다고 선언하고 나머지 이야기를 해야 합니다. 만약 상대방이 여러분의 말을 듣고 당황한다면, 대화를 성공적으로 시작한 겁니다. 이제 상대방은 여러분의 이야기에 무조건 귀 기울일 것입니다.

틀렸을 땐
틀렸다고 인정할 것

말을 잘하는 사람은 상대방을 배려할 줄 알고, 분위기를 빠르게 파악합니다. 상대방 말의 맥락을 빠르게 읽어내고, 자신이 말하려고 하는 내용도 정확하게 인지합니다. 무엇보다 거짓말을 하지 않습니다. 그는 자신이 말한 것 중 틀린 부분을 발견하면 즉시 인정합니다. 그는 달변가가 아닐 수도 있지만, 우리는 그의 말을 경청합니다. 자기 실수를 인정하는 사람의 말은 진실하리라 판단해서죠.

우리가 평소에 말을 잘한다고 생각하는 사람은 과연 누구인가요? 방송에 등장하는 타고난 방송 진행자 혹은 아나운서와 앵커를 떠올리는 사람도 있겠죠. 물론 모니터 화면을 통해 보면 당연히 그럴 수 있습니다. 그러나 이들과 실제로 만나 이야기해보면 일반인과 별반 다르지 않을 때가 많습니다. 오히려 어려운 질문에 당황하거나 우물쭈물하는 경우도 많아요. 그들이 일반인과 다른 점이 있다면, 방송에서 말을 잘하기 위해 더 노력한다는 것이겠지요.

다음으로 어떤 사람이 말을 잘하는 사람일까요? 온종일 강의를 해야 하는 강사, 그리고 대중 앞에서 말을 많이 해야 하는 정치인을 떠올려볼 수 있습니다. 하지만 강사도 강의하는 순간을 위해 오랫동안 준비하는 경우가 많습니다. 강의 당일에 긴장이 되어 식사를 거르기도 합니다. 우리는 많은 시간을 투자하여 완성된 강사의 모습만을 보고 말을 잘한다고 판단하는 것이죠.

정치인은 또 어떤가요? 정치인은 크게 다음 네 가지 상황에서 말을 합니다. 무대 위에서 하는 연설, 기자회견, 국정감사, 그리고 불쑥 나타난 기자의 질문에 답변하는 경우 말입니다. 우리가 정치인이 말하는 모습을 볼 수 있는 상황은 저 네 가지밖에 없습니다. 그렇다면 과연 이들이 말을 잘한다고 할 수 있을까요?

지금까지 언급한 말 잘하는 사람들은 그렇게 말을 할 수 있도록 단련된 사람일 뿐입니다. 우리 눈에 비친 그들의 모습은 매우 단편적이죠.

그렇다면 온종일 쉬지 않고 말을 많이 하는 사람은 어떨까요? 이런 사람은 주변 사람에게 말을 많이 하기 때문에 회식 자리 또는 동료가 여럿 모인 자리에서 언제나 환영받습니다. 그래서 이 사람이 모임에 보이지 않으면 일부러 불러내기도 합니다. 주변에 친구도 많고, 인기도 많습니다. 어느 곳에서든 존재감을 확실히 드러냅니다. 이들은 말을 잘합니다. 그러나 엄밀히 말하면 말이 많고 시끄러운 사람이지 말을 잘하는 사람은 아닙니다.

그렇다면 말을 잘하는 사람은 어떤 사람일까요? 아래 대화를 통해 좀 더 살펴보겠습니다. 한 전자 회사 홍보팀이 최근 출시한 에어컨 홍보 계획을 수립하기 위해 회의를 하고 있습니다. 담당자인 김 대리가 자신만만하게 말합니다.

"이번에 새로 출시한 ○○에어컨은 기존 △△에어컨보다 에너지 소비 효율 등급이 한 단계 높습니다. 광고에 이 점을 어필하는 카피를 써보는 게 어떨까요?"

가만히 듣고 있던 이 사원이 조심스럽게 이야기합니다.

"저 근데, 김 대리님. 이번에 나온 ○○에어컨 에너지 소비 효율 등급이 이전 에어컨보다 높은 건 기준이 개편되어서 그런 건데요. 에어컨 자체 기능이 좋아진 게 아니니 그걸 홍보 카피로 쓰면 안 될 것 같습니다."

이때 김 대리는 어떻게 대처해야 할까요? 보통은 우물 쭈물하다 변명을 늘어놓습니다.

"음, 그래도 새로운 에어컨이니 기능이 더 좋을 거 아닙니까. 꼭 에너지 소비 효율 등급을 말하자는 게 아니에요. 추가된 기능을 어필하자는 거지요."

본인의 실수를 덮기 위해 자기가 한 말을 번복합니다. 우리는 이런 사람에게 말을 잘한다고 하지 않습니다. 반면 이런 상황이 왔을 때 정면 돌파하는 사람도 있습니다.

"아, 그러네요. 제가 그것까지는 생각을 못 했습니다. 좀 더 자료 조사를 해야 했는데 죄송합니다. 그렇다면, 에너지 효율 등급을 어필하기보다는 이번에 새로 추가된 공기 청정 기능에 관한 카피를 쓰는 게 좋겠네요. 어떠세요?"

저는 이렇게 자신이 틀렸다는 것을 즉시 인정하는 사람이 말을 잘하는 사람이라고 생각합니다. 겸손하다고도 표현할 수 있습니다. 하지만 겸손이라고 하기엔 그것을 뛰어넘는 다른 무언가가 있습니다. '엎질러진 물은 주워 담을 수 없다.'라는 속담이 있습니다. 이미 입 밖으로 내뱉은 말은 주워 담을 수 없고, 그렇기 때문에 말실수는 매우 치명적이라는 거죠. 하지만 설령 실수로 내뱉은 말이라도 만회할 기회는 있습니다. 아니, 오히려 전화위복의 기회로 삼을 수도 있습니다.

대부분이 말실수를 했을 때 실수를 인정하지 않습니다. 말실수 하나가 자존심 싸움으로 이어지기도 합니다. 자신의 말이 틀리지 않았다는 것을 주장하기 위해 자존심을 걸고, 이는 오히려 치명적인 상황으로 치닫게 만듭니다.

예를 들어볼까요? 말을 아주 잘하는 사람이 있는데, 그 사람이 하는 행동과 말은 항상 제각각이고 일의 결과를 보면 실망스럽기 그지없습니다. 항상 말은 그럴싸하게 잘하지요. 그러나 말이 행동으로 이어지지 않고, 시간이 지나면 말이 또다시 바뀌어 있습니다. 우리는 이런 사람을 사기꾼이라고 부르지요.

어떤 상황이라도 말실수를 하면, 그 순간 모든 말을 멈추고 잘못을 인정해야 합니다. 물론 잘못을 인정하는 순간 수치스러운 기분이 들지도 모릅니다. 하지만 그 상황이 지나고 나면 여러분은 오히려 더 큰 신뢰를 받는 사람이 되어 있을 것입니다.

모르는 건
모른다고 말할 것

대학원을 다
닐 때 존경하는 교수가 있었습니다. 그는 첫 수업을 시작하
기 전에 항상 이렇게 물었습니다.

"이번 학기 수업은 준비된 파워포인트로 할까요, 아니
면 칠판 수업으로 할까요?"

처음 이 질문을 받으면 잠깐 침묵이 이어집니다. 그가
하는 질문의 의도를 도통 알 수가 없으니 학생들이 답을 안
하고 잠자코 있는 거죠.

"파워포인트 수업은 준비된 슬라이드를 보여주면서 설명하는 수업입니다. 칠판 수업은 그때그때 필요한 내용을 즉흥적으로 배우는 수업이고요. 자, 여러분의 선택은 무엇인가요?"

자세한 설명을 들은 학생들은 대개 칠판 수업을 원했습니다. 파워포인트 수업은 정형화된 느낌을 주니 상대적으로 자유롭고 재미있는 칠판 수업을 선택했던 거죠.

한참 뒤에 그 교수가 파워포인트 수업도 함께 준비하는 이유를 알게 되었습니다. 학부 수업에서 강의를 하다 보면 재미있는 현상이 벌어진다고 합니다. 교수가 강의를 하다가 사소한 것 하나라도 틀리면 바로 지적이 들어옵니다.

"교수님, 제가 포털에서 검색해보니 지금 교수님이 말씀하신 것과는 다른데요?"

학부생은 네이버, 구글, 위키피디아 등을 켜놓고 교수가 말한 내용을 검색해보고 확인한답니다. 그래서 그때그때 자유롭게 진행할 수 있지만 실수가 나올 확률이 더 큰 칠판 강의와 정확한 정보를 적어놓고 진행하는 파워포인트 수업을 동시에 준비한다는 것입니다. 그렇다면 잘못된 내용을 수업에서 말했으니 그 교수는 강의 내용을 제대로 알지 못하는 걸까요? 잘못된 내용을 지적한 학부생은 강의 내용을 완벽히 안다고 할 수 있을까요?

이쯤에서 '안다'는 의미를 자세히 살펴보아야겠습니다. 안다는 것은 세 가지로 구분하여 살펴볼 수 있습니다. 걸프전이 끝났을 때 미국 럼즈펠드(Rumsfeld) 국방장관이 기자회견에서 언급하며 화제가 되기도 했던 내용이죠. 그는 이라크와 테러리스트와의 관계에 대한 질문에 이렇게 말했습니다.

"(이라크와 테러리스트 간의) 연관이 없다는 보고를 들을 때마다 항상 흥미롭습니다. 왜냐하면 여러분은 아는 것과 모르는 것 두 가지만 있다고 생각하기 때문이죠. 하지만 모르는 걸 인지하는 것과 모른다는 것조차 인지하지 못하는 것도 있습니다."

즉, 안다는 의미 세 가지는 다음과 같습니다. 첫 번째는 내가 알고 있다는 것을 아는 것입니다. 두 번째는 내가 모르고 있다는 것을 아는 것입니다. 세 번째는 내가 모르고 있다는 것을 모르는 것입니다. 그러니까 내가 모른다는 사실조차 모른 채 알고 있다고 착각하는 것이 있다는 얘기죠. 실제 대부분의 문제는 바로 이 지점에서 발생합니다.

우리가 누군가에게 말을 할 때는 주로 내가 알고 있는 것을 말합니다. 자세하게 알고 있지 않으면 말로 표현할 수 없지요. 앞서 얘기했던 대학교수의 경우를 생각해볼까요? 자신이 수십 년간 공부한 내용을 학생들에게 이야기합니다. 하지만 잘 알고 있는 내용이라도 가끔은 실수를 하게 마련입니다. 사실 대학교수는 잘못된 내용을 수업 시간에 말하는 실수를 했지만, 누구보다도 강의 내용을 잘 알고 있는 사람입니다. 그리고 잘못된 강의 내용을 지적한 학부생은 그날 처음 내용을 접했죠. 확실히 교수보다는 강의 내용을 제대로 파악하지 못했을 겁니다. 그러나 많은 사람은 잘 알지 못하는 것도 자신이 가진 협소한 경험을 토대로 설명하려 듭니다. 아는 척을 하고 싶어서죠. 학부생도 그랬을 겁니다.

일상적인 대화에서도 아는 척을 하는 경우가 많습니다. 우리는 누군가의 이야기를 듣다가 모르는 이야기가 나와도 아는 척 그냥 듣습니다. 모른다고 말하는 걸 창피하다고 생각하기 때문이죠. 사적인 자리가 아닌 공적인 발표 자리에서도 마찬가지입니다.

실상은 제대로 알고 있지 못하지만, 자신의 경험과 지식으로 충분히 설명할 수 있다고 믿기 때문에 알고 있는 것처럼 말합니다. 이런 사람은 자신의 말을 증명해줄 수 있는 자료를 잔뜩 제시하기도 하고, 자신의 화려한 경력과 말솜씨로 지식을 포장하기도 합니다. 물론 표면적으로는 아무런 문제가 없어 보일지도 모릅니다. 하지만 이렇게 모르는 사실을 안다고 착각하고 섣불리 설명하다가는 금세 밑바닥이 드러납니다.

자, 이제 듣는 사람 입장에서 생각해보겠습니다. 상대방이 여러분이 알고 있는 것과는 다른 이야기를 하고 있습니다. 그러면 여러분은 "잠깐!"이라고 외쳐서 말을 멈추게 한 후 틀린 내용을 정정하려 드나요? 보통은 그렇게 하지 않습니다. 대개 겉으로 내색하지 않고 그냥 듣고 있지요. 앞서 교수의 이야기가 틀렸다고 말하는 학생들을 언급했지만, 이는 조금 특수한 경우입니다.

솔직히 우리는 그들의 언변이 아무리 화려하다 해도 그들을 말 잘하는 사람이라고는 생각지 않습니다. 오히려 솔직하지 못한 사람, 자신이 알고 있는 것을 포장해 강요하는 사람, 자신의 얕은 지식을 전달하려는 사람으로 생각하기 쉽습니다.

우리는 모르는 것은 모른다고 말할 수 있어야 합니다. 물론 모르는 말이 나올 때마다 손을 들고 "저는 모르는 일인데요."라고 말하라는 것이 아닙니다. 중요한 순간에 누군가가 물어왔을 때 모르면 모른다고 말할 줄 아는 용기가 필요하다는 것이죠. 말 잘하는 사람은 이런 용기를 가진 사람입니다. 모른다고 말할 수 있는 용기를 지닌 사람은 어떤 상황에서도 자기 의견을 당당하게 말할 수 있습니다.

제 이야기를 좀 해볼까요? 방송을 하다 보면 말을 잘하기 어려울 때가 많습니다. 가장 어려운 상황은 텔레비전 녹화 방송을 촬영할 때입니다. 다음으로 어려운 게 텔레비전 생방송이고, 마지막으로 어려운 게 라디오 방송입니다. 보통은 생방송이 더 어려울 거라고 생각하지만, 생방송은 모두가 함께 긴장한 채 진행합니다. 그리고 생방송이기 때문에 누군가가 실수하면 그 실수를 다른 사람이 보완해주면서 흘러가듯 진행되죠. 부담이 큰 것처럼 보이지만 실상은 그렇지 않은 게 생방송입니다.

그렇지만 녹화 방송은 은근히 부담이 됩니다. 엔지(NG)가 발생하면 그 순간 모든 제작진이 작업을 멈춥니다. 엔지를 낸 출연자는 연신 "죄송합니다, 다시 하겠습니다."라고 사과해야 하고, 이런 상황이 반복되면 상황은 더 위축되고 말죠. 라디오 방송은 조금 더 다릅니다. 라디오는 얼굴은 보이지 않고 목소리만 들리는 매체라, 처음에는 긴장도 하고 실수하지만 옆 사람에게 말하듯 이야기하다 보면 곧 쉽게 적응합니다. 처음에만 어렵지 나중에는 어렵지 않은 것이 라디오 방송입니다.

우리는 가장 부담스러운 녹화 방송 중에도 모르는 건 모른다고 말할 수 있는 용기가 필요합니다. 만약 엔지가 두려워 그대로 녹화를 진행해버린다면, 시청자의 신뢰를 잃게 되겠지요? 그렇지만 틀릴 수 있는 용기, 실수할 수 있는 용기가 있으면 그 어떤 상황에서도 자연스럽게 말할 수 있습니다. 용기를 가지세요. 그리고 모르는 것은 모른다고 당당하게 말해보세요. 그러면 여러분은 그 어떤 상황에서도 말 잘하는 사람이 될 수 있습니다.

토론할 때는 먼저 말하지 말 것

D는 어딜 가도 인기가 많습니다. 다른 사람에게 항상 먼저 말을 걸고 친근하게 대합니다. 다 같이 모인 자리에서는 자신이 겪었던 일화를 재미있게 말해 분위기를 유쾌하게 만들죠. 덕분에 회사에서도 늘 분위기 메이커 역할을 합니다. 처음에 사람들은 그를 이렇게 평가했습니다.

"참 유쾌한 친구야. 그 친구 이야기를 듣다 보면 시간 가는 줄 모른다니까."

그런데 요즘 D에 대한 평가가 조금씩 달라지고 있습니다. 그가 하는 이야기 속 인물이 실제로 그런 의도로 한 말이 아니었는데 잘못 전달되는 경우가 생겼기 때문이죠. 재미있게 이야기하려다 보니 D가 각색했을 수도 있고, 이야기하는 과정에서 실수로 잘못 말했을 수도 있습니다. 아무튼 이제 그는 말실수의 아이콘으로 자리매김했습니다.

말이라는 건 참 신기합니다. 말을 하면 할수록 이상하게도 실수가 늘어납니다. 말실수로 구설에 오르는 사람 면면을 보면 말 많은 사람이 대부분입니다. 그렇다고 말을 하지 말라는 것은 아닙니다. 필요한 말을 적절한 시기에 필요한 만큼만 해야 한다는 것이죠. 이 원칙은 토론과 회의에도 적용됩니다.

토론과 회의는 언제나 어려운 자리입니다. 사회 초년생부터 최고경영자(이하 CEO)까지 모든 사람에게 이런 자리는 부담스러울 수밖에 없습니다. 특히 높은 자리로 올라갈수록 말을 잘못하면 자신이 그동안 쌓아온 명성과 위엄에 손상이 가므로 더 조심스럽습니다. 사회 분야 뉴스에는 공식적인 자리에서 말을 잘못해 한동안 고생하는 유명 인사가 종종 등장합니다. 그만큼 어려운 자리죠.

토론과 회의에는 몇 가지 공통점이 있습니다. 첫째, 사용하는 용어가 비슷합니다. 토론과 회의는 보통 한 주제에 대해 이야기 나누거나 특정한 문제를 해결하려고 열립니다. 대개 한 분야의 전문가 혹은 집단이 참여하지만, 보다 많은 지혜를 얻고자 다양한 분야의 전문가를 초빙하기도 합니다. 회사 내에서 열리는 토론과 회의라면 다소 진지함은 떨어질 수 있어도, 본질적으로는 같지요.

둘째, 토론이나 회의 자리에서 문제의 해결책이 결정되는 일은 극히 드뭅니다. 그렇지 않다고 말하는 사람도 있겠지만, 대부분 결론은 가장 목소리 큰 사람의 주장을 채택하거나 서로 의견 교환을 하더라도 결국 리더나 좌장이 결정합니다. 특히 조직 내에서라면 더합니다. 조직은 상하 구조로 되어 있기 때문에 정보 폭포효과를 무시할 수 없지요.

어떤 이는 집단지성이라는 용어를 설명하면서 토론과 회의에서도 문제를 해결할 수 있다고 주장할지도 모릅니다. 하지만 집단지성이라는 개념이 등장한 후 지금까지 집단지성을 통해 문제를 푼 경우는 없었습니다. 참가자가 아무런 저항이나 영향력 없이 문제를 해결하려면 무기명 투표를 해야 합니다. 그런데 무기명 투표를 통해 과연 문제를 제대로 해결할 수 있을까요? 대개는 그렇지만, 그렇지 않은 경우도 적지 않아요. 결국 현실에서는 문제를 책임질 수 있는 사람의 의견을 따르는 경우가 많습니다. '동료집단 신드롬'이라는 말이 있지요. 회의에 참석한 의사 결정자들이 지닌 자존심, 야심, 두려움, 불안 같은 감정 때문에 일어나는 현상입니다. 회의에 참석한 이들은 관련 내용을 더 많이 아는데도 회의를 진행할 때는 항상 상급 관리자를 찾습니다. 자신에게는 결정할 권리가 없으니까요.

셋째, 토론과 회의에서 말은 승패를 가르는 기준이 아닙니다. 참가자는 마음속으로 단단히 준비를 합니다. 자신을 돋보이게 하려고, 말이라는 도구에 지식을 얹어 '반사'하죠. 말은 자신의 분신이요, 인격 그 자체입니다. 자신이 한 말이 인정받고 안 받고는 그들에게 매우 중요한 일입니다. 그러나 어떤 사람이 큰 소리로 말하고 인정받았다고 해서 그가 승리하는 것은 아닙니다. 말하기에서는 결코 승리의 개념이 존재하지 않습니다.

토론과 회의의 특성에 대해 살펴보았으니, 이제 무엇을 어떻게 말해야 할지 생각해볼까요? 가장 신경 써야 할 부분은 바로 발언의 순서입니다. 가능하다면 맨 먼저 말하지 마세요. 발언해야 한다면 상대방의 말을 들은 뒤, 참가자들이 주로 사용하는 용어를 써서 말하는 것이 좋습니다. 그리고 여러분이 말할 차례가 되면 반드시 앞서 말한 사람들에 대한 칭찬과 존경의 표현부터 해야 합니다. 무겁고 진지하게 할 필요는 없습니다.

"앞에서 ○○과장님께서 말씀해주셨는데, 잘 들었습니다. 저도 많이 배운 것 같습니다. 이제는 제 의견도 말씀드리지요."

사실 이건, 다자간 대화에서는 기본예절입니다. 이렇게 하면 여러 가지 실수를 줄일 수 있습니다. 우선, 용어 실수를 할 가능성이 작아집니다. 다음으로 다른 사람에게 공격받을 가능성이 줄어듭니다. 먼저 발언하면 공격의 대상이 될 확률이 높습니다. 특히 방송에서의 일대일 토론이라면 더더욱 그렇죠. 나 아니면 상대방밖에 없기 때문인데, 내가 말하면 상대방은 그 말을 물고 늘어집니다. 이런 형국이라면 일대일 토론에서 먼저 말하는 사람은 무조건 이기기 힘듭니다. 물리적인 싸움에서는 선제공격이 거의 정설에 가깝다지만, 토론에서는 이 법칙이 통하지 않습니다. 상대방은 한 대 얻어맞고 정신이 혼미해지는 것이 아니라, 먼저 말한 여러분의 약점을 찾아 공격할 테니까요.

세상에는 목소리도 크고 말도 잘하는 사람이 너무 많습니다. 거기다 전문 지식으로 무장해 아무도 범접하지 못하도록 하는 사람이 적지 않죠. 이런 사람을 상대로 이기는 건

하늘의 별 따기보다 어렵습니다. 게다가 회의나 토론 자리에서 목소리를 높여 주장한들, 다른 참가자는 자기가 할 이야기를 고민하느라 여러분의 말을 귀담아듣고 있지 않을 가능성이 큽니다. 그러니 다른 이를 설득하려고 애쓰지 말고 일단 여러분이 무엇을 해야 하는지에 집중하는 편이 훨씬 좋습니다.

나만의
말 이음 도구를 찾을 것

"그런데 말입니다." "한 걸음 더 들어가 보겠습니다." "요점은 바로 이것입니다." "단언컨대……."

강연 혹은 말 잘하는 사람과 대화를 해보면 별것 아닌 것 같은데도 말을 잘하는 것처럼 보이는 경우가 많습니다. 그들을 그렇게 만들어준 대표적인 도구가 바로 '말 이음 도구'입니다. 말 중간에 말 이음 도구를 넣으면 똑같은 말이어도 전체 이미지가 달라집니다.

말 이음 도구에는 다음 두 가지 효과가 있습니다.

첫째, 듣는 사람이 그동안 들었던 이야기를 뒤로하고 다시 한 번 집중할 수 있게 해줍니다. 주변을 환기하고 다시 이야기에 집중할 수 있도록 만들어주는 것이죠. 예컨대 어느 방송 프로그램 진행자는 "그런데 말입니다."라는 말 이음 도구를 사용합니다. 이 이미지는 워낙 강해서, 우리는 방송을 듣다가도 "그런데 말입니다."라는 멘트가 나오면 한 번 더 집중하게 됩니다. 말 이음 도구의 힘을 실감할 수 있는 대목이죠.

둘째, 말 이음 도구는 여러분을 말 잘하는 사람으로 만들어줍니다. 말은 상호 작용의 결과물입니다. 여러분이 아무리 말을 잘하더라도 청중이 듣지 않는다면, 말하는 사람으로서 신이 나지 않겠지요? 즐겁지 않고 신이 나지 않으니 위축되어 말을 잘 못하게 됩니다. 그런데 말 이음 도구를 사용하자 사람들이 이야기에 귀를 기울이기 시작합니다. 말하기가 한결 더 편해지고 즐거워집니다. 그러면 그 어떤 자리에서라도 내가 하고 싶은 이야기를 전달할 수 있겠지요.

그렇다면 말 이음 도구를 잘 활용하려면 어떻게 해야 할까요? 제 경우를 이야기해볼게요. 한때 특정 방송국의 저녁 뉴스를 항상 챙겨본 적이 있습니다. 저녁에 본방사수하지 못 하면 다음 날 아침에 출근 준비를 할 때라도 챙겨서 보았습니다. 그런데 그렇게 1년 가까이 지내다 보니 그 뉴스를 진행하는 앵커의 말투와 비슷해졌습니다. 아차 싶었지만, 굳이 고쳐야 할 이유는 없다고 생각해 그대로 두었습니다. 지금도 제 말투에는 그 앵커의 말투가 많이 녹아들어 있습니다.

또 다른 사례도 있습니다. 역시 방송과 관련한 일화인데, 몸살감기를 앓느라 며칠 동안 일을 하지 않고 천장만 보며 누워 지냈던 적이 있습니다. 누워서 책을 보는 것은 어렵기 때문에 주로 눈을 감고 듣는 유튜브 방송을 택했지요. 이것저것 듣다 보니 특정 유튜버 채널이 귀에 들어왔고, 그 후로도 몇 달간 매일 그 방송을 챙겨 들었습니다. 그랬더니 이번엔 그가 사용하고 있는 말투를 자주 쓰게 되었습니다. 그는 말꼬리를 올리는 버릇이 있었는데, 이 말투는 고쳐야겠다고 생각하고 있지만, 이 글을 쓰고 있는 지금도 아직 그 버릇을 완전히 고치지는 못했습니다.

이렇듯 인간에게는 듣고 보는 대로 따라 하는 거울신경세포(Mirror neuron)가 존재하기 때문에, 말 잘하는 사람의 이야기를 많이 듣는 것이 말하기에 도움이 됩니다. 많이 듣다 보면 자타가 공인하는 말 잘하는 사람은 항상 수려한 말

이음 도구를 쓴다는 걸 알 수 있습니다. 그들을 따라 하다 보면 여러분만의 도구를 찾게 되고, 말에 자기만의 색이 입혀지게 되지요.

앞서 말했던 "그런데 말입니다."라는 말은 추천하지 않습니다. 이 말은 이미지가 너무 강해서 자칫 따라쟁이라는 호칭을 얻을 수도 있거든요. 말 잘하는 정치인의 말투는 어떨까요? 약 99퍼센트의 정치인이 연설할 때 '저는'이라는 말로 서두를 떼고, '여러분'이라는 말로 끝을 맺습니다. 그런데 발음이라는 게 참 신기해서 "~다." 혹은 "~입니까?"라는 말로 끝내면 어색하게 들리지요. 그래서 이들은 'ㄴ' 발음이 붙어 있는 '여러분'을 사용해 말을 끝맺습니다. 이렇게 말이죠.

"저는 이 지역의 대표로서 자격이 있지 않겠습니까, 여러분!"

그러나 이런 말투는 그다지 좋은 것은 아닙니다. 소리는 크게 낼 수 있지만 멋진 말투는 아니에요. 부드럽게 이어지지 않아서 인위적으로 느껴지기 때문이죠. 이런 말을 많이 들으면 말을 잘하는 데 도움이 되지 않습니다. 말은 골라서 들어야 합니다. 어떤 말을 듣는지에 따라 당신의 말투가 완성되니까요.

이해하기 쉬운 언어로 말할 것

많은 사람이 어렵게 말하면 말을 잘하는 것처럼 보일 거라는 착각을 합니다. '멋지고 어려운 학술 용어를 쏟아부어 말을 하면 청중은 나를 조금 더 똑똑하고 멋진 사람으로 볼 테고, 그럼 내 말도 더 잘 먹히겠지?'라고 생각하는 건 어쩌면 자연스러운 일입니다. 그래서 상사에게 보고할 때나 회의 자리 혹은 일대일 면담이나 대중을 향한 발표 자리에서 사람들은 대개 어려운 용어를 잔뜩 사용해서 이야기합니다.

그렇게 하면 듣는 사람이 충분히 이해하고 여러분을 말 잘하는 사람이라고 생각할까요? 아닙니다. 사람들은 대개 어려운 이야기에 감동하지 않습니다. 난해한 용어로 가득한 이야기는 재미없고 알아듣기 어렵고 졸릴 뿐입니다. 생각해 보세요. 기억에 남는 이야기는 대부분 어려운 이야기가 아니라 쉽고 유익한 이야기 아니었나요?

여러분이 무언가를 정리해서 상사에게 보고하는 상황을 떠올려봅시다. 사회생활 경험이 짧을수록 긴장되는 자리죠. 입을 여는 순간 어려운 단어와 용어를 내뱉습니다. 그래야만 멋지게 보일 수 있다고 생각하니까요. 한창 이야기하고 있는데 갑자기 상사가 끼어듭니다.

"잠깐, 방금 한 이야기에 대해서 좀 더 자세하게 설명해 주겠나?"

많은 사람은 이 말을 듣는 순간 당황하여 자기 생각을 제대로 이야기하지 못합니다. 우물쭈물하다 보면 시간이 흐르고 진땀도 흐르지요. 결국 그 자리는 다시는 기억하고 싶지 않은 자리가 됩니다.

특급호텔에서 개최하는 세계적인 학술대회나 포럼에 참가했다고 상상해보세요. 전 세계적으로 유명한 파괴적 혁신(Disruptive innovation) 이론의 창시자 클레이튼 크리스텐

슨(Clayton Christensen)과 4차 산업혁명 시대의 조직 운영 방법의 전문가를 불러 모으고, 애자일(Agile) 방법론을 어떻게 도입할 것인지에 관해 이야기할 특별한 연사를 초청한 자리 말입니다. 대략적인 소개만 들어도 졸음이 오지 않나요? 여러분이 이 자리에 참석해 온종일 강연을 듣는다면 어떨지 생각해보세요.

이런 자리에 연사로 참여하는 교수와 전문가 중에 일반 청중이 관심 있게 듣도록 강연하는 사람은 무척 드뭅니다. 아니, 거의 없다고 봐야겠지요. 전문적인 지식과 폭넓은 학식이 묻어나는 강연이지만 지루하고 딱딱합니다. 물론 그중 특출한 몇몇은 쉬운 언어와 흥미로운 사례로 편하게 이야기하듯 강연을 진행합니다. 누가 들어도 쉽고 재미있게 말하는 법을 알고 있는 사람이죠. 우리는 이런 사람의 이야기에 감동하고, 오래도록 그 이야기를 기억합니다. 그리고 그를 말 잘하는 사람이라고 기억하죠.

저는 어려운 책을 읽고 요약해서 기업의 구성원과 독자에게 전달하는 일을 주로 합니다. 좋은 책을 선정해 독자가 책을 선택하고 읽는 데 드는 시간을 줄여주는 역할을 하지요. 이때 가장 중요한 건 어려운 이야기를 쉽게 전달해야 한다는 점입니다. 경제경영서나 트렌드서 혹은 심리서는 용어가 참 어렵습니다. 전문적인 영역으로 들어가자면 끝이 없습니다. 저는 이런 용어를 누구나 쉽게 이해할 수 있도록 전달하려고 합니다. 제가 듣고 이해할 수 있는 내용이라면 다른 사람도 충분히 이해할 수 있다는 생각으로 작업했고, 그 생각은 틀리지 않았습니다.

말을 잘하고 싶다면 쉬운 말로 해야 합니다. 누구나 알아들을 수 있는 용어를 선택해야 하죠. 조직의 구성원이라면 조직에서 늘 쓰는 단어를 사용하는 것으로 충분합니다. 만약 대중을 대상으로 말을 해야 하는 상황이리면 더 쉽게 말을 해야 하고요. 여러분이 알고 있는 것을 상대방도 알고 있을 것이라는 생각은 버려야 합니다. 아무것도 모르는 사람에게 무엇부터 설명해야 할지 고민하는 것. 그것이 핵심입니다.

지금까지 말 잘하는 방법에 대한 열 가지를 소개했습니다. 이제부터는 무언가를 읽고 말하고 글을 쓰는 행위가 왜 중요한지, 말을 잘하기 위해서, 특히 어려운 내용을 잘 설명하기 위해서 왜 기본이 중요한지를 낱낱이 설명하려고 합니다. 1장에서 결론을 다 말했지만, 이 결론은 앞으로 이어질 이야기의 적절성에 따라 그 신뢰도가 결정되겠지요.

핵심만 콕 짚어 단순하게 말하는 법 1

일단,
3가지만 적용하기

1장에서는 한마디를 해도 귀 기울이게 하는 열 가지 말하기 법칙을 말씀드렸습니다. 여기 소개한 방법을 모두 실천한다면 분명 말하기의 고수가 되겠지요. 하지만 열 가지 법칙을 모두 실천하기가 어디 쉽겠습니까? 단 한 번의 기회를 주고 말해보라고 한다면 저조차도 이 법칙을 모두 적용하지 못할 거예요. 그러니까 제가 말하고 싶은 건 열 가지 법칙을 모두 다 적용하지 못한다고 자신을 자책하지 말라는 거죠. 신만이 가능한 일에 도전하고서 실패했다고 상심하는 것과 다름없는 일이니까요.

사실 우리 주변에는 아무리 노력해도 여전히 말을 잘 못한다고 자책하는 사람이 많습니다. 나 말고도 이런 생각을 하는 사람이 많다는 것이 조금 위로가 될지도 모르겠습니다. 현대인의 생활을 조금만 살펴보면 우리가 말을 잘하기 어려운 상황에 놓여 있다는 걸 알 수 있습니다.

자, 대중교통을 타고 주변을 둘러보세요. 얼마나 많은 사람이 스마트폰을 보고 있나요? 구인구직 매칭 플랫폼 사람인이 시행한 조사에 따르면 우리나라 성인 10명 중 4명이 스마트폰 중독이라고 합니다. 별다른 목적 없이 수시로 스마트폰을 켜서 보는 사람이 절반에 가까운 것이죠. 아울러 중독자가 아닌 이용자들도 하루 평균 스마트폰 사용 시간은 평균 3시간 55분이라고 합니다. 그만큼 스마트폰 사용은 일상 깊숙이 들어와 있습니다.

이렇게 스마트폰을 바라보는 일에 많은 시간을 투자하는 사람이 과연 말을 잘할 수 있을까요? 이 문제에 대해서는 갑론을박이 존재하겠지만, 집중하기 어려운 환경임에는 분명합니다. 집중하지 못 하는데 핵심을 정확히 전달할 리 없습니다. 이런 환경에서는 앞에서 제가 얘기한 열 가지 법칙을 한 번에 소화하는 게 현실적으로 불가능한 일일지도 모르겠어요.

'왜 나는 말을 잘하지 못할까?'

이 책을 읽은 후에도 이런 생각을 하는 사람이 분명히 있을 겁니다. 지금까지 여러 권의 화법 책을 읽었는데도 말하기 실력이 늘지 않았는데, 이 책도 이전에 읽었던 것과 다르지 않다고 실망할 수도 있겠죠. 열심히 책을 읽고 노력하는데 말할 때 겨우 두세 가지밖에 적용하지 못한다고 자책하면 안 됩니다.

일단 열 가지 법칙 중 세 가지 정도만 기억하세요. 그리고 그 세 가지만이라도 제대로 실천하려고 노력해보세요. 익숙해지면 나머지 세 가지를 더 해보는 식으로 늘려가는 겁니다. 큰 노력을 짧고 굵게 하려고 하지 말고, 작은 노력을 꾸준히 오랫동안 실천해보는 건 어떨까요?

2장

:

중요한 것만 남기는
요약정리의 기술

알고 있던 것도 체계적으로 정리하라.

문제를 해결하는 힘은 새로운 정보를 얻는 데서 오는 것이 아니라

이미 오래전부터 알고 있던 것을 체계적으로 정리하는 데서 온다.

– 루트비히 비트겐슈타인

정리가
중요한 이유

세상이 빠르게 변하고 있습니다. 1965년 인텔의 CEO 고든 무어(Gordon Moore)는 자신의 논문에서 기술 발달의 속도는 18개월마다 두 배씩 증가하고 있다는 내용의 무어의 법칙을 발표했습니다. 2020년까지 이 법칙이 유효할 거라는 의견이 많지만, 이렇게 모든 것이 빠르게 변하고 있는 중에 변하지 않는 하나가 있습니다. 바로 세상엔 공짜가 없는 것이죠.

기술이 발달하면서 전보다 정보를 찾기가 쉬워졌습니

다. 팔로우하고 있는 트위터의 글을 리트윗하고 페이스북에서 재미있게 본 글을 옮겨오는 행위를 통해 예전보다 더 간편하게 많은 것을 알게 되었죠. 하지만 과연 우리는 이런 과정을 통해 얻은 정보를 제대로 소화하고 있을까요? 결론부터 말하면, 그렇지 않습니다. 단지 정보 전달 매개체의 역할을 수행한 것에 불과하기 때문이죠. 무언가를 진정으로 알아가는 것은 클릭 몇 번으로 완성되지 않습니다. 앎은 노력 없이 공짜로 얻을 수 없습니다.

약 1500년 전 인간은 디오클레티아누스 황제가 건설한 욕장에서 로마의 정치와 철학에 대해 시시콜콜 토론할 수 있을 정도로는 인내심이 있었습니다. 그러나 오늘날은 어떤가요? 짧은 식사 시간에도 스마트폰으로 소셜 미디어를 확인하는 사람이 여기저기 눈에 띕니다. 우리는 이제 배우고, 깨닫고, 알아가는 과정을 거의 하지 않습니다. 해야 할 일도, 봐야 할 콘텐츠도 너무 많거든요.

사회생활을 하는 사람은 하루에 200번 이상 스마트폰을 확인한다고 합니다. 하루에 일곱 시간씩 잠을 잔다고 하면, 나머지 열일곱 시간 동안 5분마다 스마트폰을 확인한다는 소리죠. 스마트폰뿐만이 아닙니다. 하루에 수십 개의 이메일, 문자, 전화를 받고 다시 답변을 보내야 합니다. 또 영화, 드라마, 다큐멘터리, 시리즈 등 흥미로운 영상도 넘쳐나죠. 온라인 혹은 모바일 게임을 하면서 시간을 보내기도 하고요.

이렇게 방대한 정보를 손쉽게 얻을 수 있는 데에는 대가가 따릅니다. 그 대가로 우리는 집중력을 잃습니다. 무엇인가에 집중할 틈도 없이 이메일 관리 도구와 달력 애플리케이션, 쉴 새 없는 멀티태스킹을 통해 매일 홍수처럼 쏟아져 들어오는 정보를 관리해야 하니까요.

여러분은 하루 중 얼마만큼의 시간을 무언기를 배우고 깨닫고 정리하는 데 사용하고 있나요? 어떤 사람은 자신만만하게 이렇게 말합니다.

"저는 하루 중 꽤 많은 시간을 배우는 데 투자해요. 인터넷 서핑을 하다가 새롭게 알게 된 정보가 있으면 저장하죠. 배우기 위해서요. 저장해놓고 다시 읽으면 모두 제 지식이 되니까요. 분야별로 나누어 깔끔하게 정리까지 해놓습니다."

그래요. 새로운 지식이나 콘텐츠를 웹상에 저장하면서 배우는 데 많은 시간을 할애하고 있다고 생각할 수 있습니다. 쌓여가는 자료를 보며 기분이 우쭐할지도 모르죠. 그런데 웹상에 정보를 저장한 후 얼마나 자주 확인하나요? 아마

확인을 거의 못 할 겁니다. 그러나 정보를 다시 확인하고 정리하는 과정을 거치지 않으면 내 것으로 소화할 수 없습니다. 내 것으로 소화하지 못하면 그것을 말로 표현할 수도 없지요.

프랑스의 대표적인 석학 자크 아탈리(Jacques Attali)는 『어떻게 미래를 예측할 것인가』라는 책에서 인류가 그동안 미래를 예측하기 위해 사용한 방법들을 설명했습니다. 그리고 자신의 미래는 스스로 예측해야 한다고 언급하면서, 반드시 몇 장의 종이에 정리할 것을 강조했죠. 예측의 단계는 다음과 같습니다. 1단계에서는 내 존재의 불변 요소를 파악합니다. 2단계에서는 수명을 예측합니다. 3단계에서는 내게 영향을 미치는 주변 사람의 미래를 예측하고, 4단계에서는 주변 사람의 행동에 내가 어떻게 대응할지 따집니다. 그리고 5단계에 이르러 자신의 미래를 예측합니다.

이 과정에서 무엇보다 중요한 건 반드시 1년에 한 번씩 종이에 적어야 한다는 점입니다. 자크 아탈리는 책에서 다음과 같이 언급하고 있습니다.

자신의 미래를 예측하려면 무엇보다 자기 자신에게서 한 걸음 물러서서 매 순간 일어나는 우연한 사건들에 휘말리지 않는 것이 중요하다. 그러려면 잠시 이성적으로 생각하는 시간을 가지면서 핵심적인 것에 무게 중심을 두고, 집중하고, 호흡하고, 긴장을 풀고, 눈을 감아야 한다. 진정으로 무언가를 보고자 한다면 역설적이게도 앞을 보지 못하는 길을 택해야 하는 것이다.

— 자크 아탈리, 『어떻게 미래를 예측할 것인가』

물론 정리하는 작업은 고통스럽습니다. 하지만 정리하는 데 들인 시간은 여러분을 결코 배반하지 않을 것입니다. 본 것을 하나씩 정리하는 작업을 꾸준히 하면 그 지식은 여러분의 것이 됩니다. 그렇게 반복하면 그 지식을 말로 표현할 수 있습니다.

어느 정도 수준에 오를 때까지 시간은 걸립니다. 시간을 투자해야 실력이 늡니다. 스스로 앎의 깊이를 늘려간다면, 그것을 말로 표현하는 일은 언제든지 할 수 있다는 것을 기억하세요.

우리는
리뷰 세상에 살고 있다

A와 B가 극장에 가서 영화를 보려 합니다. 요즘은 영화 한 편 보는 데 만 원 이상을 지불해야 하기에 더욱 신중하게 고릅니다.

"우리 어떤 영화 볼까? 요즘 개봉한 영화가 뭐지?"

"「알라딘」하고 「기생충」, 「토이스토리 4」가 인기래. 뭐가 재밌을까?"

"음, 「알라딘」하고 「토이스토리 4」는 대충 감이 오는데, 「기생충」은 도통 감이 안 와. 칸 영화제에서 황금종려상 수

상했으니 볼 만할까?"

"음, 유튜브에 올라온 영화 리뷰 한번 보고 결정하자."

"그래. 그게 좋겠어."

잠깐의 대화에서도 엿볼 수 있듯 요즘은 거의 모든 것이 리뷰되고 있습니다. 사람들은 자신이 경험한 것을 팔로워 혹은 구독자에게 알리기 위해 리뷰를 작성합니다. 리뷰는 주로 상품이나 서비스를 대상으로 이뤄지는 경우가 많습니다. 유튜브, 블로그, 페이스북, 인스타그램 등에 자동차, 영화, 여행 등 다양한 상품(또는 서비스)의 리뷰가 올라오죠.

여러분이 오랜만에 자동차를 바꾸려 한다고 생각해봅시다. 먼저 자동차 리뷰 채널을 살펴보고, 관련 콘텐츠를 검색하겠죠. 리뷰를 통해 여러분에게 맞는 차를 찾고 그중 예산에 맞는 최선의 선택을 할 수 있기에 그 시간이 아깝다는 생각은 전혀 들지 않습니다. 컴퓨터나 노트북을 비롯한 전자기기, 스마트폰, 옷, 구두, 시계 등을 살 때도 마찬가지입니다. 앞서 언급했듯 영화를 볼 때도 미리 리뷰를 꼼꼼히 챙긴 뒤에 영화관으로 향하는 경우가 많죠.

모두 리뷰하는 사람을 신뢰하기 때문에 가능한 일입니다. 특히 폭발적인 인기를 얻는 리뷰어는 사람들이 신뢰할 만한 몇 가지 특징을 갖고 있습니다.

첫째, 이들은 말을 잘합니다. 리뷰를 진행하고 있는 유튜버 중에 말 못하는 사람은 찾기 어렵습니다. 유명한 유튜버일수록 녹화 방송이든 생방송이든 거의 모든 방송 형태에 빠르게 적응합니다. 일반인이더라도 유튜브를 시작해 대중의 인기를 얻게 되면 공중파에서 러브콜을 받기도 합니다.

둘째, 리뷰를 진행하는 사람들은 각기 자신만의 전문 분야가 있습니다. 세상에는 수많은 분야가 있습니다. 그런데 리뷰어는 대개 특정 분야에서 자기 생각을 자유롭게 말하지요. 이들은 절대 선을 넘지 않습니다. 아무리 말을 잘하더라도 모든 분야를 넘나드는 제너럴리스트로 전환하지 않습니다. 매우 현실적이고 합리적인 전략입니다. 그래야만 성공할 수 있다는 걸 경험으로 아는 듯합니다.

그들의 화려한 모습 뒤에는 우리가 보지 못 하는 면도 많습니다. 우선 유튜버를 포함한 모든 리뷰어는 리뷰를 올리기까지 많은 준비를 합니다. 자동차를 리뷰하는 한 유튜버는 자동차 한 대를 리뷰하기 위해 수백 킬로미터를 운전한 뒤에 유튜브 방송을 촬영합니다. 매주 자동차 한 대를 리뷰하려면 일주일에 이삼일은 자동차를 타고 난 뒤에 촬영하고 편집해야 하죠. 일주일에 한 편 리뷰하기도 빠듯한 일정입니다. 영화 리뷰도 마찬가지입니다. 영화 리뷰를 하는 유튜버 중에 영화를 한 번만 보고 리뷰하는 경우는 별로 없습니다. 두세 번은 보고 나서 리뷰 영상을 제작합니다. 그래야만 영화를 제대로 리뷰할 수 있거든요.

게다가 말도 잘해야 한다는 부담감도 큽니다. 말을 자연스럽게 잘해야 구독자가 늘어나니까요. 말이 부자연스러우면 구독자가 늘어나지 않아 자연스럽게 시장에서 도태됩니다. 그렇게 되지 않으려면 스스로 노력해 말솜씨를 발전시켜 살아남아야 합니다. 물론 자신의 전문 분야를 계속 연구하고 제작하면서 자연스럽게 노하우가 축적되기도 하죠.

여기서 핵심은 정리입니다. 그들은 유튜브에 올릴 방송을 제작하기 위해 정리를 반복합니다. 시청자에게 무엇을 전달할지 고민하면서요. 자신이 좋아하는 분야이기 때문에 다른 사람과 이야기를 나눌 때도 그 이야기를 주로 하고, 다른 전문가를 만날 때도 그와 관련한 이야기를 나눕니다. 내공은 그렇게 쌓입니다. 사실 전문가가 되기 위해서는 그래야만 합니다. 말을 잘하게 되는 건 덤으로 따라오는 것이죠.

문제는
시간이다

왜 불편하고 고통스러운 정리를 해야 할까요? 왜 방송 한 편 분량의 촬영을 위해 준비하고 또 준비하고, 읽은 책을 요약하듯 핵심 내용을 정리해야만 하는 걸까요? 바로 누군가에게 전달하기 위해서입니다. 더 정확히 말한다면 상대방의 시간을 줄여주기 위해서죠. 핵심은 시간입니다. 인류가 시간에 대해 연구한 기간은 200년 남짓입니다. 그전에는 시간에 대해서 진지하게 연구하지 않았죠. 그리고 200여 년 전부터 인류는 자유를 위해 투쟁하기 시작했습니다. 이렇게 점차 자유를 얻은 개인은 시간을 어떻게 쓰느냐에 따라 경쟁력을 갖추게 되었습니다. 스마트폰 하나만 있으면 전 세계 모든 데이터와 지식에 접근할 수 있는 시대, 대부분의 언어를 자기가 사용하는 모국어로 번역할 수 있는 이 시대에 한계는 오로지 시간밖에 없습니다. 인간은 잠을 자지 않으면 일을 할 수 없고, 일을 하지 않고 혼자서 살아나갈 방도가 없으니까요. 하루 24시간을 온전히 자신의 것으로 사용하는 사람은 거의 없으니 제한된 시간을 어떻게 잘 활용하는지가 개인의 능력을 좌우합니다.

성공한 플랫폼인 애플, 구글, 아마존, 페이스북, 우버 등은 고객의 시간을 줄여주기 위해 존재합니다. 우리가 무언가를 정리하는 것도 상대의 시간을 줄여주기 위해 필요한 과정입니다. 제가 하는 책 리뷰도 독자의 시간을 줄여주는 하나의 방법이죠. 여기서 중요한 건 단순히 책 내용을 말하지 않고 요약정리를 해야 한다는 겁니다.

저는 책 리뷰어입니다. 서점에 갈 시간도, 책 읽을 시간도 없는 사람들을 위해 직접 서점에 가서 책을 고르고 읽은 후 요약정리해서 핵심 내용을 전해줍니다. 이 모든 행위는 독자의 시간을 줄여주기 위한 것이죠.

처음 책 리뷰를 시작했을 때는 요약정리를 하는 명확한 목적이 없었습니다. 그저 정리를 위한 정리, 동영상을 만들기 위한 정리를 했을 뿐이었죠. 하지만 시간이 지나 독자를 만나면서 비로소 요약정리의 목적을 깨달았습니다.

"책을 읽고 싶은 마음은 항상 굴뚝같지만, 서점에 갈 시간도 없고, 책 읽을 시간도 부족해서 시작조차 못 하고 있었는데 작가님 덕분에 책 읽는 시간을 줄일 수 있었어요."

독자의 이야기를 듣고 나서야 깨달았습니다. 제가 그동안 했던 일이 다른 사람의 시간을 줄여주었다는 것을요.

한번은 한 독자가 자신이 작성한 독서 노트를 사진으로 촬영해서 이메일로 보내온 적이 있습니다. 그는 저에게 자신이 뭘 더 보완해야 하는지 물었습니다. 그는 매우 유명한 블로거였고, 책을 읽고 정리하는 콘텐츠로 파워블로거가 된 사람이었습니다. 블로그에 올린 콘텐츠는 주로 책에서 기억하고 싶은 좋은 문장을 노트에 옮겨 적은 것들이었습니다. 저는 독자에게 충분히 가치 있는 콘텐츠지만, 그것으로는 책 전체를 관통하는 핵심을 찾기는 어렵다는 피드백을 해주었습니다. 그의 독서 노트는 요약정리가 제대로 되어 있지 않은 콘텐츠였죠. 폼 나는 콘텐츠지만, 누군가의 시간을 줄여주기에는 한계가 있었습니다.

여러분이 상사에게 보고하거나 다른 사람에게 중요한 이야기를 할 때는 우선 핵심 내용을 파악하는 일부터 해야 합니다. 그리고 머릿속에 입력해야 합니다. 대부분 이 과정을 거치지 않고 대충 한번 읽어보거나 살펴보고 말로 대신하려는 경우가 많습니다. 여러분이 천재라면 그렇게 해도 됩니다. 하지만 대부분은 그렇게 해서 말을 잘할 수 없지요.

물론 이미 알고 있는 내용이거나 여러분이 수없이 연구하면서 시간을 투자했던 분야라면 이야기가 다릅니다. 그렇다면 이미 전문가이기 때문에 새로운 내용을 잠깐 살펴보더라도 나름대로 평가할 수 있고 누군가에게 전달할 수도 있습니다.

하지만 이제 막 새로 시작한 분야에 대해서는 그렇게 하면 안 됩니다. 시간을 투자해 내용을 파악하고, 무엇을 전달할지 결정해야 합니다. 상대의 시간을 줄여주는 방향으로요. 그래야만 경쟁력을 갖출 수 있습니다.

요약할 줄
모르는 사람들

모 증권 회사에서 2년 동안 독서클럽을 운영한 적이 있습니다. 독서클럽은 매월 새로운 책을 선정해 그 책을 읽고, 한 달 후에 모여 토론하는 방식으로 운영되었습니다. 독서클럽의 운영자는 책의 핵심을 지적할 수 있어야 하고, 다른 책과 비교해 무엇이 합리적인지를 따질 수 있어야 했죠. 때로는 특정 주제에 관해 강의도 해야 하고요. 이러한 일을 하는 것이 바로 저의 역할이었습니다.

그러던 중 독서클럽의 모든 참가자가 각자 맡은 책의 요약정리를 하게 되었습니다. 독서클럽의 참가자 중 한 명은 임원이었는데, 그가 작성한 요약정리 문서가 다소 특이했습니다. 기업에서 사용하는 일반적인 보고서 양식을 따르고 있었거든요. 각 항목에는 번호가 달렸고, 모든 문장은 제대로 된 동사로 끝나는 것이 아니라 '~음' 혹은 '~임' 정도의 마침으로 되어 있었습니다. 한마디로 제대로 된 문장이나 문단이 존재하지 않는 보고서였죠. 기업에서 쓸 특정 사업의 기획서 혹은 마케팅 보고서라면 별문제 없을지 모르겠으나, 책의 요약정리 문서로는 적절치 않았습니다. 그 문서는 사실 혹은 단어를 나열한 것일 뿐, 내용을 정리한 것으로는 보기 어려웠으니까요.

저는 그 문서를 받아들고 처음부터 끝까지 읽어 내려갔습니다. 다 읽고 나서 머릿속에 든 생각은 이것뿐이었습니다. '그래서 대체 뭐가 중요하다는 거지?' 그 문서에는 '첫째……, 둘째……, 셋째…….' 이런 식으로 사실들이 죽 나열되어 있었습니다. 냉정하게 따져보면, 개인의 주장은 하나도 없는 이 문서는 '사실은 이러이러하니 당신이 판단하고 결정하세요.'라고 말하는 것과 다름없었죠.

기업에서는 이런 식으로 보고를 올리고 의사 결정을 내

리는 경우가 많습니다. 부하 직원은 자신의 주장 대신 여러 의견을 나열한 보고서를 작성합니다. 책임자 혹은 리더가 의사 결정을 해주길 바라는 마음에서요. 신규 사업 시행을 앞두고 전략 분석을 할 때도 마찬가지입니다. 신규 사업의 장단점과 강점, 약점을 쭉 나열하고, 그래서 이 사업을 해야 할지 말아야 할지에 대해 자기주장을 강력하게 펼치는 경우는 극히 드뭅니다. 아마도 그런 직원이 있다면, 그가 성공할 확률은 모 아니면 도가 되겠지요. 아주 잘될 경우 조직에서 크게 성공할 테지만, 실패할 경우 조직에 맞지 않는 사람이라는 낙인이 찍힐 수 있으니까요. 그래서 대부분의 직장인은 항상 중간지대를 택합니다. 그렇게 무색무취 보고서가 완성됩니다.

솔직히 우리는 무언가를 요약하고 정리하는 훈련을 받아본 적이 없습니다. 무언가를 외우는 데 시간을 많이 투자했고, 무엇이 틀렸는지 맞았는지를 따져야 하는 공부를 해왔습니다. 그것만으로도 시간이 부족했죠. 직장 혹은 사회에 나와도 마찬가지입니다. 우리는 무언가를 제대로 정리해본 경험이 없습니다. 상사로부터 "보고서 작성해서 올려."라는 지시를 받으면, 자기 의견이 첨부되지 않는 상황 보고서를 올립니다. 그리고 그 보고서는 주로 하나의 완성된 글이 아닌, 각 항목에 번호가 붙어 있는 사실들의 나열에 그칩니다. 거기에는 대개 내용에 대한 통찰도, 맥락도 없죠.

회사의 목표는 성과를 달성하는 것이기에, 구성원들에게 과거를 돌아보거나 상황의 의미를 되새겨볼 시간을 충분히 주지 않습니다. 이런 상황에 우리가 요약정리 훈련을 할 시간이 없는 건 어찌 보면 당연하죠. 이러한 현상은 아직 사회 경험을 하지 않은 취업준비생의 자기소개서에서도 나타납니다. 자기소개서에는 지원자의 능력과 열정 그리고 꿈과 이상을 적습니다. 그런데 지원자에게 자기소개서 내용이 무슨 뜻이냐고 물으면 대부분 제대로 대답하지 못합니다. 누군가의 도움을 받아 기계적으로 적었거나, 정답에 가깝다고 생각하는 걸 거짓으로 적었기 때문이죠. 그래서 자기가 쓴 글의 맥락조차 모릅니다. 그런데도 기업도 지원자도 정리하는 능력이 중요하다고 여기지 않습니다.

우리는 산업 사회에서 또 다른 사회로 변화 중인 변곡점에 서 있습니다. 산업 사회는 막스 베버의 관료주의, 프레더릭 테일러(Frederick Taylor)의 테일러리즘(Taylorism)을 기반으로 만들어졌습니다. 위계질서, 보편성, 과학적 관리 등을 특색으로 한 사회가 산업 사회였죠. 그래서 특별하고 튀는 인재보다는 조직의 구성원으로서 규칙과 규율을 따르고 근면성실하게 일하는 모범적인 구성원이 더 큰 인기를 누렸습니다. 지금은 이런 분위기가 조금씩 달라지고 있지만, 대기업 조직은 여전히 그대로입니다.

튀는 인재가 성공한다거나 상자 밖에서 생각해야 한다는 이야기는 단지 하나의 구호에 지나지 않고, 실제로 조직은 튀는 인재를 선호하지 않습니다. 만약 여러분이 튀는 인재가 되고 싶다면 회사를 그만두라는 이야기를 사석에서 서슴없이 들어야 할지도 모릅니다. 이런 분위기 때문에 틀에 박힌 자기소개서가 계속해서 구인 시장에 등장하는 것이겠지요.

말하기는 근본적으로 글쓰기를 바탕으로 합니다. 그리고 그 글에는 진정성이 있어야 합니다. 진정성은 깊이 생각하고 정리할 때 나옵니다. 이는 전문성으로 이어지고, 명확한 단어와 문장으로 표현됩니다. 머릿속에 정리된 내용은 비로소 구어체로 바뀌어 전달됩니다. 그렇기에 말을 잘하고 싶다면, 내용을 정리하는 방법부터 배워야 합니다. 물론 이 방법은 시간이 걸리고 고통스럽습니다. 그러나 어느 정도 수준에 이르면 손으로 써서 정리하지 않아도 머릿속으로 정리가 되는 단계에 이르게 될 것입니다. 바로 저처럼 말이죠.

자료 없이
술술 말하는 비결

요즘은 강의할 때 대부분 파워포인트를 사용합니다. 청중에게 도움이 되는 시각 자료를 활용하기 위해서지만, 강의를 하다가 내용을 잊어버리는 실수를 덜기 위해서기도 합니다. 하지만 저는 강의할 때 그 어떤 자료도 들고 가지 않습니다. 보통 하루 전에 강의 준비를 합니다. 종이 한 장과 파란색 펜 한 자루를 들고 카페 같은 조용한 장소를 찾습니다. 그리고 강의 내용의 핵심 키워드를 적습니다. 이 작업을 통해 머릿속에 있는 내용을 한번 정리하는 것이죠.

교육 전에 강의 자료를 인쇄해 교육생들에게 나눠준다는 이유로 파워포인트를 요청하는 기업도 있습니다. 그러면 이미 만들어놓은 슬라이드 중 몇 개를 보내줍니다. 만들어놓은 슬라이드는 대략 3000장 정도이고, 이 숫자는 매주 늘어나니까 자료는 얼마든지 보내줄 수 있습니다. 하지만 강의를 할 때 자료에 연연하지는 않습니다. 파워포인트 자료를 건넨 시점과 강의를 하는 시점은 적어도 일주일 이상 차이 납니다. 강의는 강연자가 배우고 깨닫게 된 통찰을 전달하는 것이니, 일주일 사이에 추가 자료가 생기게 마련이죠. 그렇기에 자료와 강의 내용은 약간 다를 수밖에 없습니다.

결국, 저는 강의 전날 강의 내용의 핵심 키워드를 종이에 적는 방법을 선택했습니다. 이 작업을 통해 어떤 내용을 말할지 스스로 정리하죠. 그러면 신기하게도 강의를 할 때 그 종이를 보지 않는데도, 전날 메모한 내용이 그대로 기억납니다. 혹시 모를 상황에 대비해 커닝용으로 메모를 지니고 강의하지만, 사용해본 적은 한 번도 없습니다.

어떤 사람은 이 모든 것이 강의 내용이 쉬워서 가능한 일이라고 생각할 수도 있습니다. 하지만 제가 하는 강연은 주로 세계 경제 전망과 예측, 기업의 파괴적 혁신과 조직 문화에 이르기까지 쉽지 않은 내용으로 구성되어 있습니다.

4차 산업혁명과 디지털 트랜스포메이션 전략, 전방위 기업과 산업 플랫폼 등은 최근 들어 많이 강의한 주제죠. 어려운 내용이지만 많은 시간을 들여 정리한 덕분에, 강의 자료를 만들지 않고도 서너 시간 동안 강의할 수 있습니다.

라디오나 텔레비전 생방송에서도 마찬가지입니다. 요즘 매월 KBS 라디오에서 책 소개를 하고 있는데, 생방송으로 진행합니다. 강의와 마찬가지로 따로 자료를 만들어 가지 않았죠. 처음에는 프로그램 작기기 그 부분이 염려되었는지 방송 중에 진행자와 제가 주고받을 내용을 일일이 챙겨주기도 했습니다. 하지만 요즘에는 나눌 이야기를 대략 공유하는 정도로 방송 준비를 마칩니다. 그렇다고 제가 타고난 방송 체질인 것은 아닙니다. 처음에는 긴장도 많이 했죠. 그러다 어느 순간 바뀌었습니다. 정리를 하고 한참 시간이 지난 뒤부터 변화가 일어났어요.

처음 책을 요약해서 동영상 콘텐츠를 만든다고 했을 때 이 일이 잘될 거라고 생각한 사람은 아무도 없었습니다. 교육업계 종사자는 물론이고, 콘텐츠를 만드는 저조차도 큰 기대는 없었으니까요. 우리나라의 기업 교육용 동영상 콘텐츠 브랜드는 대략 80여 개에 이릅니다. 이미 삼성경제연구소, 현대경제연구원, 세계경영연구원, SK경영경제연구소 등 쟁쟁한 브랜드가 많았으니, 1인 브랜드인 '이동우콘텐츠연구소'가 성공할 줄 아무도 몰랐죠.

신기한 것은 쟁쟁한 회사들과 경쟁하면서, 책 분야에서만큼은 '이동우콘텐츠연구소'가 높은 성과를 달성하고 있다는 점입니다. 보통 대기업은 동영상 콘텐츠 하나를 만드는 데 여섯 명 정도의 인력이 투여됩니다. 기획, 디자인, 촬영, 편집 등 다양한 전문 인력이 필요하기 때문이죠. 하지만 이동우콘텐츠연구소는 1인 기업입니다. 이 모든 작업을 저 혼자하고 있는데도 작업 속도는 뒤지지 않으니 모두 놀라워했습니다. "진짜 혼자 하는 게 맞나요?"라는 질문도 많이 받았죠. 내색은 안 했지만 저도 내심 두려웠습니다. 언제라도 고꾸라질 수 있었으니까요. 그래서 저만의 경쟁력을 갖추려 관련 자료를 열심히 찾아보았습니다. 그리고 그 결과 스토리에 집중해야 한다는 걸 깨달았습니다.

동영상 콘텐츠는 보이는 게 가장 중요하다고 생각할 수도 있지요. 화려한 화면, 적절한 배경음악 그리고 내레이션이 혼합되어 있어 콘텐츠의 본질이 무엇인지 파악하기 어렵습니다. 하지만 영상의 핵심은 스토리에 있습니다. 동영상 제작 기술은 누구든 따라 할 수 있어요. 동영상 편집을 할 수 있는 사람은 많습니다. 좋은 컴퓨터와 장비, 뛰어난 동영상 편집 프로그램으로 무장한 이들이 곳곳에 있어요. 그렇기에 어떤 내용을 어떻게 담을 것인지, 무엇을 강조할 것인지가 콘텐츠의 질을 결정합니다. 이걸 깨달은 뒤부터 저는 책 내용을 정리해 노트에 적기 시작했습니다. 모든 내용을 한눈에 알아볼 수 있게 말이죠. 그러자 어떤 자리에서도 책에 있는 내용을 아주 쉽게 이야기할 수 있었습니다. 정리를 위해 노트에 옮겨 적었던 시간은 지금까지도 절 배반하지 않았습니다.

모아두기,
그 이상이 필요하다

모든 걸 완전하게 기억하고 싶어 하는 사람들이 있습니다. 이들 라이프로거(Lifelogger)는 생활 대부분을 녹화하여 디지털 기록으로 남깁니다. 그 기록으로 수십 년 전의 사건이나 과거에 구상했던 아이디어를 순식간에 떠올릴 수 있다고 믿으면서요. 하지만 모든 걸 완벽하게 기억하는 게 정말 가능할까요?

19세기 독일의 과학자이자 심리학자인 헤르만 에빙하우스(Hermann Ebbinghaus)는 인간이 그 어떤 것을 배우더라

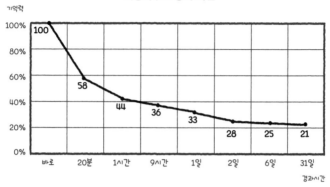

에빙하우스 망각 곡선

도 시간이 지나면 상당 부분을 잊어버린다는 사실을 알아냈습니다.

위 그래프는 시간에 따라 감소하는 사람의 기억을 표현한 에빙하우스의 망각 곡선입니다. 그래프에서 볼 수 있듯 우리는 한 달이 지나면 알고 있던 80퍼센트를 잊어버립니다. 라이프로거처럼 오랫동안 수많은 데이터를 기록한다고 해도, 내가 필요한 것을 찾으려면 핵심 키워드를 기억해야 합니다. 하지만 그걸 기억하는 일조차 우리에게는 쉽지 않다는 말이죠.

이렇듯 인간은 모든 것을 기억할 수 없습니다. 인공지능이 아닌 이상 극복할 수 없는 문제죠. 우리는 더 많이, 더 오래 기억하기 위해 정리하는 작업을 합니다. 하지만 정리한 것을 다시 보지 않을 가능성이 크다는 것도 동시에 인정해야 합니다. 우리는 수많은 자료를 생성하면서 살아가고 있습니다. 인간이 지금까지 쓴 책은 총 3억 1천만 권에 달하고, 책을 포함하여 지금까지 인류가 남긴 총 데이터의 규모는 이틀마다 두 배씩 늘어나고 있습니다. 여기에는 텍스트와 동영상 등의 자료가 포함됩니다. 이 중에서 여러분이 하루 동안 디지털 세상에 남기는 기록은 얼마나 될까요? 모르긴 몰라도 엄청날 겁니다.

우리가 봐야 할 자료는 넘쳐납니다. 우리는 그중 기억에 남기고 싶은 것을 클립하고 저장합니다. 물론 디지털 세상에서요. 무언가를 보고 남기고, 보고 남기는 행위를 반복합니다. 문제는 우리가 남긴 디지털 흔적을 다시 확인하지 않는다는 것이죠.

영화관에서 보고 싶은 영화가 있는데, 바쁜 일정 때문에 보지 못 하고 몇 개월 후 인터넷상에서 대여하거나 구매해서 본 경험이 있을 거예요. 저는 영화가 재미있으면 또 보고 싶을 수도 있으니, 보통 구매하여 보는 걸 선택합니다. 하지만 구매해놓고 두 번 본 경우는 거의 없습니다. 계속해서 흥미로운 영화가 새로 개봉하니까요. 이처럼 단순히 정보를 모으는 것에는 아무 힘이 없습니다. 그렇다면 어떻게 해야 할까요? 어차피 우리는 그 어떤 자료를 만들더라도 그 자료를 두 번 이상 확인할 가능성은 거의 없습니다. 종이에 적든, 디지털 도구에 기록하든 마찬가지예요. 그렇기에 모든 자료는 한 번 만든다고 생각하고, 한 번 만들 때 제대로 만들어야 합니다. 그래야 나중에 기억하기 쉽습니다.

단순히 정보를 모아두는 것만으로는 지적 역량이 늘지 않습니다. 당연히 글쓰기와 말하기 실력도 제자리걸음이겠죠. 모아두기보다 요약정리가 더 힘이 센 이유입니다.

하루 집중
4시간의 비밀

정리할 때 가장 필요한 능력은 바로 집중력입니다. 일단 집중하지 않으면 정리하는 작업을 할 수 없습니다. 게다가 작업한 후에 결과물을 다시 확인하지 못할 가능성이 높기 때문에 정리할 때 최대한 집중해서 머릿속에 입력해야 하지요. 그렇다면 근본적으로 집중력이 필요한 이유가 무엇일까요? 두 가지로 정리해보겠습니다.

첫째, 집중하지 않으면 핵심 내용을 볼 수 없습니다. 대상이 책이든, 논문이든, 자기소개서든 상관없어요. 저는 책을 읽을 때는 보이지 않던 것들이 집중해서 정리할 때 비로소 눈에 들어온 적이 많습니다. 책을 읽을 때는 각각의 내용에만 집중하지만, 정리를 하면 전체 그림을 볼 수 있기 때문이죠. 그런데 정리할 때 한 번에 집중해서 해야만 이런 경험을 할 수 있습니다. 집중력이 떨어져 하나의 작업을 띄엄띄엄하면 전체 내용의 맥락을 파악하지 못해 핵심을 놓치는 경우가 많거든요.

둘째, 집중력은 읽고 쓰고 말하는 전 과정에서 필요한 능력입니다. 예를 들어 여러분이 중요한 사안을 임원에게 보고해야 한다고 가정해봅시다. 이 순간을 제대로 넘기려면 여러분은 집중해야만 합니다. 애써 준비한 것을 제대로 기억하고, 상대방의 비언어적 행동에 집중하면서 다음 이야기를 어떻게 꺼내야 할지, 무슨 이야기를 꺼내야 할지를 생각해야만 합니다. 그렇게 하지 않으면 두고두고 후회가 남게 되니까요.

하지만 집중하는 것은 결코 쉬운 일이 아닙니다. 현대사회는 과거보다 훨씬 정보가 많고, 다양한 정보에 관심을 두느라 주의력이 분산됩니다. 이를 이겨내고 집중한다 해도 일정한 한계가 있습니다. 『딥 워크』의 저자 칼 뉴포트(Cal

Newport)는 하루에 고강도로 오랜 시간 집중할 수 있는 시간은 불과 네 시간밖에 되지 않는다고 말합니다. 개인적인 경험에 비추어보면 이보다 집중하는 시간을 늘리려면 중간에 낮잠을 자면 됩니다.

사람들은 원하는 시간에, 원하는 만큼 집중할 수 있을 거라고 생각합니다. 그러니까 평소에는 집중하지 않다가 어느 순간 집중력이 필요할 때 '뿅' 나타나게 할 수 있다고 생각하죠. 집중력은 절대 그렇게 나타나지 않습니다. 매일 온갖 것에 관심을 가지며 집중할 수 있는 사람은 없습니다. 저도 그렇습니다. 집중력을 강조하는 게 소위 꼰대들이 하는 빤한 이야기쯤으로 들릴 수 있겠지만, 집중해서 정리하면 무의식에 저장되어 말할 때 훨씬 수월하다는 건 부정할 수 없는 사실입니다.

이제 여러분이 집중해서 무언가를 정리하려면 어떻게 해야 할까요? 일단, 정리는 단번에 끝내야 합니다. 이 작업은 고통스럽고 재미없어서 길게 끌수록 효율이 떨어집니다. 또한, 여러 번에 걸쳐 작업한다면 집중력이 흐트러질 수 있습니다. 집중을 보다 잘하기 위해 다음의 정보를 알아두는 것이 좋습니다.

첫째, 일어나는 시간에 따라 집중이 잘되는 시간이 달

라질 수 있습니다. 우리가 집중할 수 있는 시간은 최대 네 시간뿐이므로 가장 집중이 잘되는 시간을 활용해야 합니다. 다니엘 핑크(Daniel Pink)의 『언제 할 것인가』에 이 내용이 자세하게 나와 있어요. 예컨대 여러분이 아침 6시에 잠이 깼다면, 그 시간부터 일곱 시간 동안은 집중력이 계속 올라갑니다. 즉 오후 1시까지는 집중력이 계속 상승합니다. 하지만 점심을 먹고 난 뒤 대략 5시 30분 혹은 6시까지는 집중력이 떨어집니다. 그리고 저녁 6시부터 잠들기까지 집중력이 다시 올라갑니다.

둘째, 집중하는 장소에 따라 집중력이 달라집니다. 여러분이 집중하지 못하는 게 주변 환경 때문일지도 모릅니다. 저는 책을 쓸 때와 책을 읽을 때 그리고 정리할 때 각각 다른 장소를 택합니다. 한 작업당 네 시간은 집중합니다. 여러 가지 작업을 한자리에서 이어 하면 뇌는 그 환경에 적응합니다. 따라서 매번 글을 쓰는 자리에서 다른 일을 하면 집중이 잘 안 되는 경우가 많아요. 집중력은 생각보다 환경에 많은 영향을 받으니 민감하게 다루어야 합니다.

나만의
정리 방법을 찾을 것

자, 그렇다면
집중해서 만든 정리의 결과물은 어떤 형태여야 할까요? 일단 저는 매주 세 권 이상의 책을 읽고 정리해서 요약본을 만듭니다. 게다가 동영상 콘텐츠까지 만들죠. 주변에서는 다들 제가 당연히 속독을 할 거라고 생각합니다. 하지만 저는 속독을 하지 않습니다. 우선 책을 읽을 때는 천천히 정독합니다. 그리고 줄을 긋거나 동그라미를 치고 제 생각을 적습니다. 적을 때는 항상 같은 브랜드의 파란색 펜을 사용합니다.

혹시나 펜의 잉크가 떨어질까 봐 언제나 리필용 카트리지 여분을 가지고 다닙니다. 어떤 사람은 "굳이 꼭 그 펜이어야 하나요?"라고 묻기도 하는데, 항상 같은 펜을 사용하면 메모에 좀 더 집중할 수 있습니다. 이 부분은 5장에서 좀 더 자세하게 이야기하겠습니다.

이 과정에서 가장 중요한 건 어떻게 줄을 긋느냐 혹은 어떤 메모를 하느냐입니다. 여기서부터 정리 작업이 시작됩니다. 줄을 긋는 행위는 이 책을 다시 읽을 때를 대비해서 하는 행동입니다. 예컨대 300쪽 정도의 단행본이리면 천천히 읽어도 열 시간이면 읽을 수 있습니다. 만약 한참 시간이 지난 뒤에 이 책을 다시 읽으려 할 때 처음부터 다시 정독해야 할까요? 이미 읽은 책인데 그렇게 하면 조금 억울할지 모릅니다. 그렇다고 책 표지만 보고 내용이 전광석화처럼 떠오를 리는 없죠.

그때 저는 밑줄이 그어진 부분만 읽습니다. 그렇기에 처음 밑줄을 그을 때 나중에 그 부분만 읽으면 책을 다 이해할 수 있는지를 염두에 두어야 합니다. 그러면 나중에 다시 그 책을 읽을 때는 한 시간 안에 다 볼 수 있습니다. 책을 리뷰할 때 보통 같은 책을 세 번 정도 읽는데, 한 책에 서른 시간이 아니라 열두 시간을 들여 읽고 있는 셈이죠.

그다음에는 읽은 책을 정리합니다. 먼저 노트와 펜을 준비합니다. 그리고 처음부터 책을 다시 읽으며 적어 내려갑니다. 노트에는 책의 핵심 내용을 적습니다. 노트만 보고도 책 내용을 알 수 있도록 적되, 누군가에게 보여주기 위한 작업이 아니니 혼자 보고 알아볼 수 있을 정도면 됩니다. 나만 사용하는 기호나 암호가 있다면 그걸 활용해도 좋아요. 이렇게 노트에 적는 작업은 보통 네다섯 시간쯤 걸립니다. 지치고 어려운 작업이지만 절대 거르지 않습니다. 차곡차곡 쌓이는 노트와 정리 경험은 절대 배반하지 않기 때문이죠.

지금까지 제가 하는 정리 작업에 대해 자세하게 설명했습니다. 그러면 이제 여러분이 이 정리 작업을 어떻게 응용할 수 있는지 따져봐야 합니다. 이때 세워야 할 원칙 두 가지를 알려드리겠습니다.

첫째, 집중해서 만든 정리 작업은 당신의 시간을 줄여줄 수 있는 결과물이어야 합니다. 만약 직장 상사에게 보고할 목적으로 열심히 자료를 정리했는데, 자료 모음집처럼 되어버렸다면 제대로 정리한 게 아닙니다. 자료를 보고 상사는 이렇게 말하겠죠.

"이 자료들로 도대체 뭘 하겠다는 건가? 결론이 뭔지 모르겠네."

오히려 자료 하나하나의 의미를 설명하고 이 자료를 선택하고 정리한 이유를 구구절절 설명하느라 시간을 허비합니다. 여러분의 시간을 아끼기는커녕 정리 작업에 걸린 시간만 까먹은 게 되어버리는 거죠.

둘째, 정리 작업을 소모적인 일로 생각하지 말고 이를 통해 여러분의 내공이 꾸준히 성장하고 있다고 생각해야 합니다. 티끌 모아 태산이라는 말이 있죠. 정리 작업은 늘 힘들고 고됩니다. 하다 보면 쓸모없는 일이라는 생각이 들지도 모릅니다. 하지만 여러분이 투자한 시간은 절대 배반하지 않습니다. 업무에 필요한 자료를 정리하든, 발표에 필요한 자료를 정리하든 모든 건 머릿속에 남게 마련이에요. 이렇게만 한다면 여러분은 어느새 말 잘하는 사람에 한 발자국 더 다가가게 될 겁니다.

정리 잘하는 사람은
자기소개서도 잘 쓴다

취업준비생이라면 반드시 작성해야 할 문서가 있습니다. 바로 자기소개서죠. 사회에 진출하려면 누구나 언젠가 한 번은 작성해야 합니다. 같은 내용을 회사 이름만 바꿔서 수십 개 혹은 백 개 이상의 회사에 전달할 테니, 잘 만들어놓은 자기소개서는 그 무엇보다 소중한 가치가 있죠.

만약 이미 취업을 했다면 이직을 준비할 때 또는 지원서를 검토할 기회가 있을 때 자기소개서를 접하게 됩니다.

최근에는 인사부뿐만 아니라 팀원을 뽑는 부서에서도 직접 지원자의 자기소개서를 검토한다고 하니, 제가 하는 이야기에 공감할 수 있을 거예요. 취업준비생은 자기소개서를 쓰는 노하우를 얻을 수 있고, 자기소개서 검토자는 정리하는 방법이 왜 중요한지 다시 한번 생각해볼 기회가 될 겁니다.

과연 자기소개서를 스스로 작성하는 사람이 얼마나 될까요? 첨삭이라는 명목으로 전문가 또는 다른 사람의 도움을 받은 이가 절반은 될 겁니다. 문제는 단순히 첨삭에 그치지 않고 내용 자체를 컨설팅받는 경우도 많다는 겁니다.

저는 한때 MBA 관련 컨설팅 회사에 근무했던 적이 있습니다. 그 회사는 경력자를 대상으로 MBA에 지원할 수 있도록 학원을 운영하고 있었고, 커리어 컨설팅이나 에세이 컨설팅을 하고 있었습니다. 여기서 말하는 에세이 컨설팅은 국내로 본다면 자기소개서 컨설팅과 다르지 않습니다. 해외 MBA에 지원하기 위해서는 에세이를 제출해야 하는데, 학교마다 에세이 주제가 다르기는 하지만 사실 핵심 내용은 거의 동일합니다. 자신이 어떤 사람이며, 어떤 삶을 살아왔고, 중요시하는 가치는 무엇인지, 앞으로 무엇을 하고 싶은지를 알면 어떤 에세이라도 작성할 수 있죠.

이 회사에서 일하면서 흥미로웠던 점은 MBA를 가겠다

고 결심한 사람이 영어 실력도 되고, 경영 수학 실력도 출중한데 글쓰기 능력이 부족한 경우가 적지 않았다는 겁니다. 그들이 어떤 삶을 살았는지 이야기하면, 상담자가 그 사람 인생의 핵심 키워드를 정리해주었죠.

이런 사람은 자신이 작성한 글임에도 글의 내용을 자세히 기억하지 못하거나 맥락을 놓치기 일쑤입니다. 자기소개서에 쓴 것처럼 자신이 살아온 이야기를 말로 멋지게 풀어내지 못합니다. 자기소개서를 본인이 직접 작성했다면 글을 쓸 때 이미 많은 생각을 했을 것이고, 그 시간과 고민의 깊이가 그 지원자의 말을 풍성하게 만들어주었을 겁니다. 하지만 남이 써준 글로 자기소개서를 완성했으니 당연히 그렇게 하지 못했던 거죠.

상사에게 올릴 보고서를 쓸 때 문제의 핵심 내용을 추출해서 정리한 뒤 내가 알아볼 수 있게 만들고, 그다음 상사가 알아보기 쉽도록 바꿉니다. 자기소개서를 쓰는 것과 상사에게 전달할 보고서를 쓰는 것 모두 같은 작업입니다. 자기소개서는 본인의 인생 스토리를 정리한다는 점만 다를 뿐이죠. 그러므로 자기소개서를 스스로 잘 쓴다면, 면접에서 말을 잘하는 건 보너스로 따라옵니다. 입사 후 보고서도 잘 쓸 수 있을 테고요. 반드시 그렇습니다.

예기치 않은 상황은 언제든 일어난다

"누구나 그 럴듯한 계획이 있다. 적어도 한 대 얻어맞기 전까지는(Every-body has a plan until he gets punched in the face)."

세계적인 권투 선수 마이크 타이슨(Mike Tyson)이 남긴 유명한 말입니다. 저는 이 말을 좋아합니다. 한번 들으면 웃음이 절로 나오지만, 생각하면 할수록 핵심을 찌르는 말이죠. 중요한 자리, 그러니까 절대 실수해서는 안 되는 자리에서 난해하고 복잡한 이야기를 해야 할 때가 있습니다. 이런 자리가 자주 있는 것은 아니지만, 사회생활을 거듭할수록 이런 자리가 점점 늘어나죠.

이럴 때 누구나 그럴듯한 계획을 세웁니다. 그 자리에 참석하기 전에 여러 방법으로 생각해보고 나름대로 대안을 마련하죠. 가장 좋은 방법인 A 전략, 그것이 통하지 않으면 B 전략, 그리고 마지막으로 C 전략까지 준비하고는 모든 준비를 다 마쳤다고 생각합니다. 그런데 모든 일이 그렇게 뜻대로 잘 풀리면 얼마나 좋을까요?

세상만사가 우리가 바라는 대로 다 이루어지면 얼마나 좋겠냐마는, 그런 일은 거의 일어나지 않습니다. 애써 준비한 자리라도 변수란 항상 존재하게 마련이니까요. 전혀 예상하지 못한 일이 발생했을 때 우리는 타이슨의 말처럼 한 대 얻어맞습니다. 그러고 나면 그때부터 아무 생각이 나지 않지요.

여러분에게 이런 일이 일어나면 어떨지 생각해보세요. 파워포인트 슬라이드로 강의를 하기로 했는데, 인터넷 연결이 되지 않고 데이터가 담긴 USB도 연결할 수 없습니다. 요즘 세상에 그런 곳이 어디 있겠냐고 생각하겠지만, 우리나라에서 중요 정보를 다루는 기관 중에 몇몇은 실제로 USB나 인터넷이 연결되지 않습니다. 이런 상황에서 파워포인트 화면 없이 두세 시간 동안 강의하는 것이 과연 가능할까요?

실제로 저는 이런 상황을 겪고 있는 강사를 눈앞에서 목격한 적이 있습니다. 결국 그 강사는 아무런 화면도 없이 강의를 해야 했는데, 그동안 파워포인트에 의존해왔던 터라 강연을 제대로 진행하지 못했습니다.

운이 좋게도 저는 아직 이런 일을 겪어보지 않았습니다. 강의를 할 때 파워포인트 자료를 쓰지 않아서 그렇겠지만요. 그런 일은 생각만으로도 눈앞이 캄캄합니다.

사실 이런 일은 누구에게나 얼마든지 일어날 수 있습니다. 만약 여러분이었다면 그 현장에서 제대로 대처할 수 있었을까요? 여러분은 그 누구보다 멋지게 대처할 수 있었을 것입니다. 정리를 잘했다면 말이죠. 정리를 잘해놓으면 상황이 어떻게 변해도 그 중심에 있는 콘텐츠는 없어지지 않습니다. 사실 꽤 많은 사람이 정리를 시간 낭비로 여깁니다. 고급 인재일수록 창의적인 일에 매진하고, 나머지 인력을 정리하는 일에 배치하는 경우가 많습니다. 이제는 그런 생각을 바꾸어야 합니다. 우리는 정리되지 않은 것을 범주화할 수 없고, 정리되지 않은 것을 머릿속으로 기억할 수도 없으니까요.

핵심만 콕 짚어 단순하게 말하는 법 2

정리가 안 된다면
적어보기

유난히 생각이 많은 날이 있습니다. 그런 날에는 아무리 마음을 다잡으려고 해도 집중이 되지 않죠. 걱정이 앞서 일은 손에 잡히지 않고, 마음은 둥둥 떠다니기 일쑤입니다.

반대로 뭔가에 집중해서 열심히 현상을 살폈는데, 머릿속에 남는 건 하나도 없다고 느껴질 때도 있습니다. 예컨대 책 한 권을 읽고 나서도 핵심 내용을 전혀 파악하지 못할 때 그렇죠.

이 두 가지 현상은 정리를 하지 않아서 일어나는 일입니다. 전자의 경우, 정리되지 않은 머릿속 생각 때문에 아무것도 하지 못합니다. 뛰어난 지식과 학위를 갖춘 사람도 생각이 많은 상태에서는 어느 것도 제대로 하지 못할 겁니다. 후자의 경우, 열심히 책을 읽었지만 내용을 정리하지 않았기에 자신의 것으로 만들지 못합니다.

많은 사람이 이런 경험을 해보았을 겁니다. 정리는 번거로운 일이기 때문에 좋다는 걸 알아도 실천하기 힘들지요. 사실 저도 예전에는 정리하는 일을 귀찮게 여겼습니다. 그래서 두꺼운 책을 읽고도 머리에 남는 게 별로 없었던 적이 많았죠. 하지만 번거로움을 이겨내고 노트에 정리하기 시작하자 달라졌습니다. 두껍기만 하지 쓸 만한 내용이 없다고 생각했던 책도 다시 보니 훌륭한 책이었습니다. 겉으로 보기에는 얇아서 내용이 부실할 것 같은 책도 정리해보니 알찬 내용으로 꽉꽉 차 있는 책이더라고요.

머리를 복잡하게 하는 생각도 정리를 하면 대부분 해결됩니다. 25년간 고민 때문에 힘들어하는 사람들을 상담해온 정신건강의학과 의사 하지현 교수는 고민을 해결하기 위해서 '적어보기'를 권합니다. 머릿속에 있는 고민을 포스트잇에 하나하나 써보라는 것이죠. 그러면 고민거리의 무게와 시급성이 보인다고 합니다. 그런 다음 오늘 할 일과 일주일 안에 할 일, 장기적 과제를 나누고 그 내용을 촬영해서 가지고 다니는 것이죠. 이렇게 정리를 하는 것만으로 고민의 무게는 훨씬 가벼워진다고 합니다.

복잡한 문제로 고민하고 계세요? 그러면 한번 정리를 해보세요. 어떤 문제로 고민하고 있는지 종이에 직접 써보는 거죠. 그렇게 하면 신기하게도 고민이 별것 아니라는 걸 깨닫게 됩니다.

이렇듯 정리는 때로 마법을 부립니다. 마음이 혼란스러울 때 다 잡아주기도 하고, 머릿속에 있는 내용을 제대로 파악하게 해줍니다. 그러니 정리를 하면 일단 반은 먹고 들어가는 것이죠.

3장
:
맥락을 알면
핵심이 보인다

당신에게 세상을 바꿀 수 없다고 말하는 사람은 두 종류다.

시도하기를 두려워하는 사람들, 당신이 성공할까 봐 두려워하는 사람들.

– 레이 고포스

맥락이
중요한 이유

우리는 지금까지 집중력을 통해 어떻게 정리 작업을 할 수 있는지 알아보았습니다. 이제부터는 정리한 결과물의 맥락을 파악할 차례입니다. 맥락은 영어 단어로 context, 즉 '글의 문맥'이라고 표현할 수 있습니다. '어떤 일의 전후 사정'이라고도 설명할 수 있겠네요. 우리는 맥락을 읽는 훈련을 별로 해보지 않았기 때문에 처음에는 조금 낯설고 어색할 겁니다. 그럼, 지금부터 맥락을 파악하는 것이 왜 중요한지 차근차근 설명해보겠습니다.

　세상은 보통 전문가를 신뢰합니다. 그렇기에 누구나 어느 분야의 전문가가 되기를 바라죠. 자신이 속한 분야의 전문가가 된다면 성공한 인생으로 볼 수 있습니다. 분야는 아리스토텔레스(Aristoteles)가 자신의 논리학 저서에서 명제의 주부나 술부를 정리하여 열 개의 범주를 만든 것에서부터 시작합니다. 이것이 바로 인간이 최초로 시도한 범주화였죠. 그로부터 오랜 세월이 지나 이제 우리는 구체적인 기준을 통해 산업, 학문, 전술, 이론, 패턴, 전략 등을 구분하고 있습니다. 모든 아이디어와 정신 모델까지도 체계적으로 분류할 수 있게 되었죠. 이렇듯 우리는 범주화로 둘러싸인 세상에 살고 있습니다.

　"상자 밖에서 생각하라(Think out of the box)." 1980년대 중반 비즈니스 업계에서 유행한 구호입니다. 비즈니스 업계에 기존 생각의 틀을 깨고 창의적인 방법을 도출해야 한다는 생각이 퍼지게 된 것입니다. 기존의 생각은 곧 우리가 해왔던 범주화의 기준을 의미했습니다. 이제 제품의 품질을 놓고 경쟁하던 기업은 콘셉트로 경쟁하기 시작했습니다. 새 시대에 살아남기 위해서는 새로운 돌파구가 필요했던 셈이죠.

하지만 상자 밖에서 생각하라는 말에는 도대체 무엇이 상자 안이고 무엇이 상자 밖인지에 대한 구체적인 설명이 없었습니다. 그러니 사람들은 어디에서부터 무엇을 어떻게 해야 하는지 헷갈릴 수밖에 없었죠.

이렇게 30년 전부터 세상은 새로운 인재상을 요구했습니다. 인류가 만들어놓은 규칙과 제도를 깨는 사람, 범주화로 설명할 수 없는 인재가 필요하다고 외쳤죠. 사실 많은 이가 각 분야의 전문가가 되려고 하지만, 이 세상에는 새로운 것을 과감히 시도하고 전 분야를 아우르는 사람이 더 필요합니다. 즉, 맥락을 파악하는 사람이 필요합니다. 그러나 많은 전문가가 자기 분야에만 매몰되어 전체적인 맥락을 파악하지 못하고 있습니다. 아래의 사례를 살펴보겠습니다.

앞으로 세계 경제는 어떻게 될까요? 어떤 책은 경제 위기가 올 것이라고 말하고, 또 어떤 책은 그렇지 않다고 말합니다. 어떤 학자는 인구학을 거론하며 경제 대침체가 올 것이라고 주장하기도 합니다. 우리나라 반도체 산업과 자동차 산업에 탈출구가 보이지 않는다고 말하는 경제학자도 상당수 있습니다. 이 같은 내용을 케임브리지대학교 장하준 교수에게 물었더니 이렇게 답했습니다.

"저는 거시경제학 전공이 아닙니다."

장하준 교수가 왜 이런 대답을 했을까요? 전공 분야가 워낙 잘게 쪼개져 있기 때문이죠. 경제학 전문가라도 세부 분야로 나뉘는 전공 내용은 제대로 알기가 힘듭니다. 이러한 경향은 사회 전반에 퍼져 있습니다. 전문가는 자기 분야에 대해서는 아주 잘 알지만, 전체적인 맥락은 파악하지 못합니다.

맥락이 중요한 이유를 더 살펴보겠습니다. IBM에서 일했던 데이브 스노든(Dave Snowden)이 주창한 커네빈 프레임워크(Cynefin framework) 개념을 예로 들어볼게요. 이것은 비즈니스에서 접할 수 있는 모든 문제를 인과관계에 따라 분류하고 각각의 해결책을 제시하기 위해 만든 체계입니다.

이 체계에 의하면 모든 문제는 단순성, 난해성, 복잡성, 혼돈의 네 가지 영역으로 구분할 수 있습니다. 과거 비즈니스 현장에서는 단순성이나 난해성 영역에 속하는 문제가 많았지만, 최근에는 복잡성과 혼돈 영역의 문제가 더 많아지고 있습니다. 문제는 단순성과 난해성 영역의 사안은 고학력자를 채용해 해결할 수 있지만, 복잡성과 혼돈 영역의 사안은 그렇게 해서 쉬이 해결되지 않는다는 것이죠.

과거에는 어떤 비즈니스 문제가 닥쳐도 그 분야의 전문가가 해결할 수 있었습니다. 그러나 복잡성과 혼돈 영역의 문제는 차원이 다릅니다. 복잡성 영역의 문제는 시간이 한참 지난 후에 돌이켜 봤을 때야 인과관계가 분명해집니다. 혼돈 영역의 문제는 인과관계를 알 수조차 없고요. 이런 문제는 전문가가 해결하기 힘듭니다. 때문에 최근 들어 많은 분야에서 빅데이터를 사용해 문제를 해결하려 합니다. 빅데이터 안에서 상관관계를 찾아 데이터들을 연결하고, 문제를 찾아내 해결하려 하죠. 하지만 이 방법으로 상관관계는 찾을 수 있지만, 인과관계는 찾지 못합니다.

이제 무언가를 정리했다고 해서 그것으로 끝나지 않는다는 걸 알겠나요? 지금까지 여러분이 정리한 내용은 맞을 수도, 틀릴 수도 있습니다. 무엇이 맞고 틀린 지 판단하기 위해서라도 맥락을 파악하는 행위는 꼭 필요합니다.

효율성이
지배하는 세상

앞서 맥락의 중요성을 강조했습니다. 그렇지만 여전히 많은 이가 전문가의 말이라는 이유만으로, 맥락이 충분히 파악되지 않은 의견을 의심 없이 받아들입니다. 우리가 사는 세상은 이미 효율성의 지배를 받고 있기 때문이죠. 비전문가가 맥락을 파악하고 내린 판단은 전문가의 지식이나 빅데이터가 가진 효율성을 넘어설 수 없습니다. 우리는 이 냉엄한 현실을 인정하는 것부터 시작해야 합니다. 지금부터 맥락을 파악하고 내린 결론이 전문가의 지식과 빅데이터를 넘어서지 못하는 현실을 차례대로 살펴보겠습니다.

첫째, 전문가의 지식을 넘어서지 못하는 경우입니다. 여기서는 제 경험을 이야기하는 것이 좋겠네요. 2018년 겨울 저는 경기도의 한 지방자치단체에서 마련한 대담 자리에 참석했습니다. 대담에 참여한 상대방은 전직 관료 출신이기도 하고 유명 통신사 임원을 지내기도 했습니다. 게다가 현재 대학교수로 활동 중이니 누가 봐도 전문가였습니다. 반면 저는 기업을 대상으로 책을 요약해 설명하고, 책도 쓰는 비전문가에 속하는 사람이었죠.

기업인 100여 명을 대상으로 한 대담의 이슈는 4차 산업혁명과 디지털 전환이었습니다. 그 교수는 4차 산업혁명을 제조업의 혁명으로 인식하지 않았습니다. 그는 구글, 아마존, 우버를 4차 산업혁명의 대표 기업으로 꼽았습니다. 또 제너럴일렉트릭이 항공기 엔진을 만들고 250개의 센서를 엔진에 붙여 효율성을 높이는 프로그램을 작동하는 것이나 고객사를 컨설팅하는 것도 4차 산업혁명에 해당한다고 말했죠.

하지만 저는 이 부분에 동의할 수 없었습니다. 『4차 산업혁명 이미 와 있는 미래』라는 책에서는 4차 산업혁명의 대표 기업으로 아디다스와 할리데이비슨, 그리고 피렐리를 언급했습니다. 즉 4차 산업혁명을 제조업의 혁신으로 본 것이죠. 제너럴일렉트릭의 사례는 『디지털 대전환의 조건』에서 언급하는 바대로 해석해보면 4차 산업혁명이 아니라 디지털 전환으로 설명하는 게 맞습니다. 여러 권의 책에 나와 있는 맥락이 있음에도, 저의 판단은 청중에게 인정받을 수 없었습니다. 왜냐하면 청중 눈에는 그가 더 전문가로 보이기 때문이죠.

둘째, 빅데이터의 효율성을 넘어설 수 없는 경우입니다. 언제부터인가 많은 기업이 직원을 채용할 때 인적성검사라는 걸 시행하고 있습니다. 지원자의 인성과 적성을 검사해 기업에 적합한 인재인지 확인하려는 절차입니다. 기업에 입사지원서를 제출하는 지원자가 너무 많기 때문에 기업에서는 모든 이력서를 제대로 검토하지도, 인성을 제대로 평가하지도 못합니다. 그래서 보다 손쉽게 지원자를 평가하는 방법으로 인적성검사를 시행합니다. 인적성검사는 별도의 알고리즘으로 지원자를 분류합니다. 기업이 원하는 방향에 따라 인재를 분류하고 쉽게 검토할 수 있도록 도와주죠.

인적성검사는 대개 외부 업체가 만든 시스템을 그대로 가져와 사용합니다. 이런 시스템을 개발한 회사는 고객사가 업무 생산성과 잠재력이 높은 지원자를 선발할 수 있도록 돕는다고 말할 것입니다. 하지만 이는 인적성검사를 판매하려는 홍보 문구에 불과합니다.

아이오와대학교 경영대학원 교수인 프랭크 슈미트(Frank Schmidt)는 인적성검사를 통해 입사한 구성원과 직무 생산성 사이의 연관성을 조사했습니다. 지난 100년간의 직무 생산성 데이터를 분석한 결과는 흥미로웠습니다. 인적성검사를 통과해 채용된 이들의 업무 생산성이 높지 않다는 것이 증명되었거든요.

세상은 역시 효율성을 중심으로 움직이고 있습니다. 인적성검사는 결함이 있지만, 채용 과정에서 여전히 큰 영향력을 행사하고 있죠. 기업은 이런 상황을 인지하면서도 수정하려 하지 않습니다. 인적성검사 덕분에 이력서의 72% 정도는 기계로 걸러져서 인간의 눈으로 일일이 확인하지 않아도 되니까요.

이렇듯 우리가 사는 세상이 효율성을 기준으로 움직일 수밖에 없는 것은 모든 것이 너무 많기 때문입니다. 우선 사람이 너무 많고, 이들이 구매할 수 있는 상품과 서비스의 종류가 지나치게 많습니다. 따라서 무엇이든 빨라야 합니다. 속도가 모든 것을 압도합니다. 이런 상황에서 '맥락을 파악했을 때 진정 올바른 것은 무엇인가?'라는 질문은 허용되지 않습니다. 속도는 당위성을 압도하고, 효율성은 옳고 그름을 따지지 않기 때문이죠.

우리는 이 세상을 구성하고 있는 한 부분이기에 대세를 거스를 수 없고, 여기에 순응하며 살아야 합니다. 그러다 보니 아무 생각 없이 모든 것을 받아들이는 것이 자연스러운 일이 되어버렸습니다. 예를 들면, 지금 당장 스마트폰을 켜고 포털 사이트에서 어떤 검색어를 입력하면 수천 수백 개의 정보가 뜹니다. 우리는 수많은 정보 중 한두 개를 확인하고는 이내 그것이 사실이며 진실일 것이라고 믿어버립니다. 반대 의견을 찾아보거나 다른 의견과 비교하지도 않고 말이죠. 이때 운이 좋으면 제대로 된 정보를 얻지만, 그렇지 않은 경우도 참 많습니다.

그렇기에 정리가 끝이 아닙니다. 무엇이 맞는 것인지 비교하고 대조해봐야 맥락을 제대로 파악할 수 있거든요. 만약 이 과정에서 만약 이해가 안 가는 부분이 있다면 처음부터 다시 연구해야 합니다. 그래야만 핵심을 정확하게 전달하기 위해 해야 할 다음 행동으로 넘어갈 수 있습니다.

책 1권 읽은 사람이
가장 무섭다

유독 말이 잘 통하지 않는 사람이 있습니다. 그 사람과 이야기를 나누면 어딘가 모르게 불편하고 소통이 잘 안 되는 느낌입니다. 대개 이런 사람은 상대방의 이야기를 잘 듣지 않고 자기 하고 싶은 말만 합니다. 상대방의 기분은 별로 상관하지 않고 자기주장만 늘어놓죠. 우리는 이런 사람을 만나면 '나하고는 코드가 맞지 않네.'라고 생각합니다. 전 독서량의 차이가 말 통하는 여부를 결정짓는다고 봅니다. 책을 많이 읽은 사람과 그렇지 않은 사람이 말을 하면 잘 통하지 않겠죠. 오해는 마세요. 지적 수준의 차이를 말하는 것이 아니니까요.

책을 많이 읽는 사람은 어떨까요? 우선 집중력이 좋습니다. 책은 고밀도로 응집된 정보를 단일한 감각(눈)으로 파악하는 핫미디어(hot media)입니다. 읽을 때는 눈에 온 신경을 집중해야 하죠. 그래서 다른 생각을 하거나 멀티태스킹을 하며 책을 읽을 수 없습니다.

책을 많이 읽는 사람은 유연합니다. 상대방과 나의 다름을 인정할 수 있습니다. 책마다 이야기하는 방식이나 주장이 다르기 때문이죠. 같은 주제를 다룬 책이라도 결론은 완전히 다른 경우가 많습니다. 그렇기에 책을 많이 읽다 보면 다른 사람의 이야기가 자신의 의견과 다를 수 있다는 걸 자연스레 인정하게 됩니다.

물론 이런 유연성은 학력의 수준과 큰 관계가 없습니다. 학력 수준은 높으나 책을 읽지 않은 사람은 자신이 가진 지식에 대한 자부심이 너무 강해서 다른 사람을 인정하려고 하지 않습니다. 즉, 겸손하지 않습니다. 반면 학력 수준은 낮더라도 책을 많이 읽은 사람은 자신의 부족한 점을 제대로 알고 있습니다. 그래서 항상 상대방을 배려하고, 그러면서도 틀린 것은 틀렸다고 말할 줄도 알죠. 어려운 이야기를 쉽게 말할 줄 아는 사람은 이 부류에 가깝습니다.

그리고 책을 한 권만 읽는 사람도 있습니다. 그들은 책을 읽되 자주 읽지 않습니다. 주로 한 분야에서 한 권의 책만을 읽습니다. 유명해서, 혹은 누가 권해서 책을 읽는 경우가 많죠. 이러한 경우 자신이 읽은 책에 담겨 있는 내용이 그 분야의 정답이라고 생각하기 쉽습니다. 책 내용을 지나치게 신뢰한 나머지 다른 사람의 이야기에는 귀 기울이지 않는 것이죠. 그러다 보니 사고의 오류가 일어납니다.

1999년 미국 코넬대학교의 저스틴 크루거(Justin Kruger)와 데이비드 더닝(David Dunning)은 '사람들은 자신이 아무것도 모른다는 사실을 모른다.'라는 주제를 연구했습니다. 학생들을 대상으로 유머 감각이나 문법 지식, 논리적 사고력의 수준을 조사하고, 자신의 능력은 상대적으로 어느 정도인지를 추정하게 했더니 무척 흥미로운 결과가 나왔습니다. 바로 자신이 추정한 평가 점수와 실제 능력 사이에 아무런 관계가 없던 것이죠. 특히 최하위 성적을 받은 사람들이 유난히 자신을 과대평가하는 경우가 많았습니다.

이후 두 사람은 이와 유사한 연구가 있었다는 사실을 알고는 연구를 조금 더 확대해보았습니다. 그 결과 물리학을 처음 배우는 학생은 물리학이 얼마나 깊이 있는 학문인지 모르고, 테니스나 축구를 배우는 사람은 자신의 스트로크와 킥의 성공률이 어느 정도인지 잘 알지 못했습니다. 독서 수준이 낮은 사람은 자신이 읽고 있는 책의 내용을 어느 정도 이해하고 있는지 잘 몰랐고, 책 내용을 이해하지 못했으면서 자신의 이해력이 좋다고 여기는 경우도 많았습니다. 이 현상을 바로 더닝 크루거 효과라고 합니다.

그렇다면 자신을 과소평가하는 학생들은 어땠을까요? 대부분 최고 성적을 받았다고 합니다. 이 학생들은 자신이 무엇을 틀렸는지 정확히 알고 있었습니다. 다른 사람의 성적은 정확히 알지 못하고 자신이 모자라는 부분은 잘 아니, 자신을 과소평가했던 것이죠.

우리도 더닝 크루거 효과에서 자유로울 수 없습니다. 조금 알고도 많이 알고 있다고 착각하고, 자신을 과대평가해서 남보다 더 우월하다고 생각하는 사람이 적지 않지요. 우리가 만약 책을 딱 한 권만 읽는다면 이 효과는 더욱 극대화됩니다. 이는 말하기에서 매우 위험한 태도입니다.

포털 사이트에서
맥락을 얻지 못하는 이유

스낵 컬처는 언제 어디서나 짧은 시간에 쉽게 즐길 수 있는 새로운 형식의 문화 소비 트렌드를 말합니다. 자투리 시간에 즐기는 문화인 셈이죠. 웹툰, 웹소설, 웹드라마가 대표적인 스낵 컬처로, 바쁜 현대인에게 안성맞춤인 콘텐츠입니다.

기업에서도 스낵 컬처를 사용합니다. 비즈니스 세계에서는 이를 마이크로 러닝(micro learning)이라고 부릅니다. 보통 10분 내외의 시간을 투자해 이해할 수 있는 짧은 동영상이나 글 혹은 이미지로 구성된 콘텐츠입니다. 이미 몇 년 전부터 이런 트렌드가 대세로 굳혀졌지요.

밀레니얼 세대는 스낵 컬처나 마이크로 러닝을 선호합니다. 긴 시간을 투자해야 하는 일은 하려 하지 않아요. 그들은 대부분 지하철이나 버스에서 스마트폰을 보고, 자투리 시간이 남으면 어떻게든 스마트폰을 켭니다. 엘리베이터를 기다리는 시간이나 엘리베이터를 타고 올라가는 시간에도, 심지어 길을 걸어가면서도 스마트폰을 보죠. 즉 아침에 눈을 떠서 잠들 때까지 온종일 수많은 콘텐츠에 시간을 투자하고 있는 셈입니다.

그렇다면 투자한 시간만큼 세상을 보는 관점이 다양해지고, 앎에 대한 깊이가 달라지며, 남다른 안목이 생겨날까요? 저는 수요일마다 네이버 비즈니스 판의 '이동우의 10분 독서' 코너에 칼럼을 씁니다. 때때로 관심 있는 주제의 글이 올라오면 그 사이트에 게재된 다른 글을 살펴볼 때가 많습니다. 그런데 어느 정도 시간이 흐른 뒤, 포털 사이트에서 아무리 많은 글을 읽어도 맥락을 읽어내는 능력은 전혀 늘지 않는다는 걸 깨달았습니다.

마침 네이버 비즈니스 판 담당자와 회의할 기회가 있었고, 그 자리에서 저는 이 이야기를 꺼냈습니다. 콘텐츠 담당

책임자는 자신도 알고 있으며, 문제를 인정한다고도 말했습니다. 여덟 시간 동안 책을 읽는 것과 포털 사이트의 글을 읽는 것에는 도대체 어떤 차이가 있는 걸까요?

첫째, 포털 사이트의 콘텐츠는 무척 짧습니다. 다소 길게 느껴지는 글이라도 책이라는 긴 호흡의 콘텐츠에 비교하면 아주 짧지요. 짧은 글이 호응을 얻으려면 그 안에도 기승전결이 있어야 합니다. 충분히 길게 설명해야 하는 부분도 짧게 쓸 수밖에 없죠. 그래서 이런 글을 읽다 보면 '아하, 이래서 이런 거구나!' 하는 통찰은 얻을 수 없습니다.

최근 넷플릭스 드라마를 즐겨 보는데, 잘 만들어진 시리즈물을 보면서 극장 개봉 영화가 재미없어지기 시작했습니다. 넷플릭스 영상은 한 편에 약 40~50분 길이인 단편 10~20편이 모여 한 시리즈를 구성합니다. 그렇기 때문에 긴 시간 동안 주인공이 왜 그런 상황에 처하게 되었는지, 왜 그런 행동을 해야만 했는지를 이해하게 됩니다. 긴 시나리오에서 오는 통찰의 매력에 빠지게 되죠. 하지만 영화는 이 모든 것이 두 시간 남짓이면 끝납니다. 할리우드의 화려한 액션은 매력적이지만, 천천히 긴장감을 높여가는 탄탄한 시나리오가 주는 맛은 거의 느낄 수 없죠.

짧은 글은, 긴 글에서는 확인할 수 있는 맥락을 전달해주지 않습니다. 따라서 포털 사이트를 온종일 보는 사람은 책을 여러 권 읽은 사람과 차이가 날 수밖에 없습니다.

둘째, 포털 사이트의 콘텐츠는 자극적입니다. 네이버 비즈니스 판에 처음 글을 쓸 때 제 글은 몇 번이나 퇴짜를 맞아야 했습니다. 더 자극적으로 써서 사람들의 관심을 끌어야 했어요. 여기서 알아야 할 건, 포털 사이트는 이용자의 지적 능력이나 맥락을 읽어내는 능력을 키우는 것에는 전혀 관심이 없다는 겁니다. 단지 클릭 수만 중요하죠.

셋째, 포털 사이트의 콘텐츠는 누가 이런 글을 왜 썼는지를 제대로 파악할 수 없습니다. 우리가 서점에서 책을 고를 때는 우선 '이 저자는 왜 이 책을 썼을까?'를 생각합니다. 작가가 어떤 사람인지, 왜 이 책을 냈는지 알아야 글을 제대로 볼 수 있기 때문이죠. 하지만 포털 사이트에서는 이런 내용을 파악하기 힘듭니다.

맥락을
방해하는 것들

맥락을 파악

하는 것은 콘텐츠 안에서 핵심을 찾아내는 행위입니다. 그

콘텐츠 매체는 텍스트일 수도 있고, 이미지 혹은 동영상일

수도 있습니다. 각기 다른 콘텐츠에서 여러 의미를 찾아낼

수 있기에, 그 시점에 가장 합당한 의미를 제시하는 콘텐츠

를 찾아내는 것이 바로 맥락을 읽는 것입니다. 여러분에게

필요한 적당한 콘텐츠가 없을 수도 있습니다. 이럴 때는 여

러분 스스로 여러 콘텐츠를 융합해서 새로운 것을 만들어낼

수 있어야 합니다.

하지만 맥락을 파악하는 게 쉬운 일은 아닙니다. 맥락을 파악하지 못하게 하는 요인도 참 많지요. 그중 세 가지 요인을 소개하려 합니다.

맥락을 방해하는 첫 번째 요소는 각 기업 혹은 단체의 조직 문화입니다. 오랫동안 동질화를 기반으로 하는 기업 문화가 미덕으로 여겨졌습니다. 함께 일하는 사람들과 호흡이 맞으면 소통에 드는 시간과 노력이 줄어드니까요. 구성원끼리 일체감도 느끼고요. 하지만 비즈니스 문제에 대한 견해까지 동질화되어버리기 때문에 새로운 발상이 나오기 어렵다는 단점이 있습니다. 또 윗사람의 의견이 모든 것의 기준이 되어버리는 정보 폭포효과도 나타나죠. 혁신은 동질성의 세계에서 이루어지지 않습니다. 모두가 동의하는 의견을 정리해서 나온 발상은 무난하고 평범할 수밖에요.

참신한 아이디어는 각자 생각의 교집합이 아닌, 주변부에서 만들어진다는 것을 알아야 합니다. 따라서 조직의 리더는 조직 내 다른 의견을 수용하고 인정하는 마음을 갖고, 다양성을 유지하기 위해 끊임없이 노력해야 합니다. 직원이 리더 눈치를 보지 않고 자신의 의견을 말할 수 있도록, 때로는 분위기를 깨는 발언도 할 수 있도록 말이죠. 우선 리더가 자기 의견을 직원보다 먼저 밝히는 것은 삼가야 합니다. 그리고 리더 자신도 경영진 앞에서 종종 분위기에 맞지 않는 발언을 할 수 있어야 합니다.

두 번째 요소는 바로 높은 지적 수준입니다. 본인이 똑똑하다고 생각하는 사람은 맥락을 파악하려는 노력도 안 할 가능성이 큽니다. 자신의 주장을 뒷받침할 증거나 자료만 선택적으로 제시하죠. 이를 체리 피킹(Cherry picking) 효과라고 하는데, 역사적인 사건을 사례로 들어 과학적인 원리를 입증하려 하는 학자가 이 오류에 자주 빠집니다.

우리도 이런 편향에서 자유롭지 못합니다. 훌륭한 이성과 훈련된 직관을 가지고 있을지라도, 어느 순간이 되면 이성을 제쳐두고 직관적인 정보만을 바탕으로 판단해버리는 경우가 많습니다. 이 정보가 불완전하거나 잘못된 것일지도 모른다는 가정은 하지 않은 채로요.

마지막 요소는 신념입니다. 신념은 우리가 굳게 믿는 생각이나 사실입니다. 하지만 처한 시간과 환경에 따라 바뀔 수 있지요. 즉 신념은 자신을 중심으로 결정됩니다. 스스로는 균형 잡힌 사고를 하고 있다고 생각하겠지만, 그렇지 않을 수도 있다는 걸 항상 염두에 두어야 합니다.

문제는 개인 브랜드를 강요하는 세상에서 자기중심적

인 생각은 점점 더 강화될 확률이 높다는 것입니다. 누군가에게 본인의 브랜드를 홍보하기 위해 자기 성과를 자랑합니다. 하지만 스스로 멋지게 잘하고 있다는 생각보다는 내 생각이 올바른 것인지 아닌지를 제대로 분석하고 따져보는 게 우선입니다.

아는 만큼 보이고,
아는 만큼 말할 수 있다

여러분이 만약 입사 최종 면접을 앞둔 지원자라면 자신의 열정을 어떻게 강조하겠습니까? 입사 최종 면접을 심사하는 면접관이라면 열정을 강조하는 지원자를 어떻게 바라보겠습니까? 많은 리더십 전문가와 자기계발 전문가는 열정을 꽤 중요한 자원이라고 생각합니다. 조직사회에서 성공하기 위해서는 열정이 있어야 한다고 말하죠. 따라서 젊은 입사 지원자가 열정이 있는지 없는지를 판별하는 것도 면접관의 몫입니다. 솔직히 어느 누구도 열정이 나쁘다는 생각은 해보지 않았을 거예요.

그런데 혹시 '열정의 역설'이라는 말을 들어보셨나요? 바쁘게 일을 하면서도 아무것도 이루지 못하는 것을 뜻하는 용어입니다. 열정만 가지고는 성공할 수 없습니다. 오히려 열정은 때로 우리가 힘을 충분히 발휘하지 못하도록 가로막는 요인으로 작용합니다. 괴테(Goethe)는 '위대한 열정은 희망이 없는 만성 질병'이라는 말도 했죠. 열정은 비판적 인지 기능을 무디게 만듭니다. 열정만 있는 건 장점이 아닙니다.

조직 생활에서도 가끔 열정만을 내세우는 사람이 있습니다. 그들의 말은 늘 그럴싸하지요. 그러나 냉정하게 보면 열정만 가지고는 목표를 이룰 수 없습니다. 평정심을 갖고 올바른 방향으로 꾸준히 노력해야 비로소 목표에 가 닿을 수 있는 것이죠.

자, 지금까지 저는 열정에 관해 몇 가지를 이야기했습니다. 이 내용을 알고도 여러분은 면접관 앞에서 열정을 운운할 수 있나요? 그리고 여러분이 이러한 사실을 알고 있는 면접관이라면, 열정으로 똘똘 뭉쳐 있다고 말하는 지원자를 보며 어떤 판단을 내릴까요?

새롭게 알게 된 사실 몇 가지만으로 우리의 세상 보는

눈이 한 뼘 넓어졌습니다. 아는 만큼 보이고, 아는 만큼 말할 수 있다는 진리가 이렇게 검증되네요. 문제는 우리가 스스로 잘 알고 있다고 착각하는 경우가 너무나 많다는 겁니다. 스마트폰과 인터넷으로 접하는 엄청난 데이터 덕분에 많은 것을 알고 있다고 착각하는 거죠. 그러나 우리는 모든 것을 알 수도, 모든 것을 이해할 수도 없는 존재입니다. 인터넷으로 알게 된 파편화된 지식은 오히려 더 위험할 수 있지요.

게다가 우리는 남과 비슷한 수준으로만 알고 있으면 세상을 살아가는 데 문제가 되지 않는다고 여깁니다. 하지만 남보다 더 많이 알아야 다른 이가 파악하지 못하는 전체적인 맥락을 파악할 수 있겠죠. 물론 가방끈의 길이가 모든 것을 뒷받침해주는 사회에서, 맥락을 파악하려 하는 것은 지적 허영심에 불과하다고 할지 모릅니다. 그러나 제가 분명하게 말씀드리고 싶은 것은, 우리는 아는 만큼 볼 수 있고, 아는 만큼 말할 수 있다는 겁니다. 무언가를 알아가는 과정은 시간이 걸리는 일이지만, 차근차근 배우고 맥락을 파악하다 보면 어느새 말 잘하는 사람에 가까워질 수 있습니다.

백지상태에서
다시 시작할 것

다음은 뭘까?

모르겠는가? 그런데 사실 아무도 모른다. 아무도 미래를 예측할 수 없다. 실제로 전문가나 소위 미래학자라는 사람들의 그간 성적을 살펴보면 최악에 가깝다. 그들의 영원한 경쟁자 '무작위 찍기'보다 못하다……. 지난 몇 년간 인류는 겸손을 배웠다. 하지만 앞으로 마주칠 것들에 비하면 아무것도 아니다.

- 조이 이토, 제프 하우, 『나인』

MIT 미디어랩의 소장을 맡고 있는 조이 이토(Joi Ito)와 연구원 제프 하우(Jeff Howe)가 쓴 『나인』에 등장하는 대목입니다. MIT 미디어랩은 최첨단 신기술을 연구하는 곳으로 이른바 미래를 가장 먼저 만나는 곳이죠. 그런데 여기 몸담고 있는 이들조차 미래에 대해 말할 때 목소리를 낮추었습니다. 지난 몇 년 동안 인류가 겸손을 배웠다고까지 이야기하면서요. 지금처럼 빠르게 변하는 세상에서는 그 누구도 미래를 장담할 수 없다는 그들의 말에 공감하지 않을 수 없습니다.

저는 아무것도 모르는 상태에서 맥락을 찾는 것이 오히려 더 수월하다고 생각합니다. 지금까지의 세상은 전문가가 남보다 우위에 설 수 있었죠. 하지만 이제는 많이 아는 것이 오히려 발전을 가로막는 족쇄가 되어버리는 세상입니다.

앞서 언급한 책 『나인』의 저자 조이 이토 소장은 고졸 출신입니다. 대학을 졸업하지 않은 사람이 MIT 미디어랩의 소장을 맡고 있는 것이죠. 고졸 출신이 가장 권위 있는 기술 연구소의 소장까지 오를 수 있었던 비결은 앞서 언급한 책 내용만 보아도 알 수 있습니다. 만약 여러분이 작가이고, 미래학과 관련해 책을 쓴다면 그 분야에서만큼은 자신감을 갖고 미래를 보일 수 있어야 합니다. 그 책에서 나도 모르고 당신도 모른다는 식의 이야기를 쓸 수 있을까요? 웬만한 용기 없이는 쉽지 않겠죠. 자칫 자기 분야에 자신 없어 보이는 사람으로 비칠 수도 있으니까요.

조이 이토가 남긴 이야기는 우리로 하여금 맥락을 읽어낼 때 아무것도 몰라 선입견조차 없는 편이 오히려 더 좋은 결과를 만들어낼 수 있다는 걸 보여줍니다. 아무것도 모른다고 가정하면 자세를 낮추고 더 배우게 됩니다. 심리학자 칼 융(Carl Jung)에 의하면 인간은 자신에게 부족한 것을 채우면서 살아갑니다. 부족함을 인정해야 채울 수도 있지요.

제가 책을 리뷰하는 것도 남보다 많이 알아서가 아닙니다. 사실 처음에는 어떤 게 중요한지, 어떤 책에서 하는 말이 맞는 것인지 알 수가 없었습니다. 리더십, 마케팅, 조직문화, 트렌드 등등 살펴봐야 할 책이 한두 권이 아니었죠. 그런데 읽다 보니 책이 하나둘 쌓였습니다. 수백 권을 읽고 나니 그때부터 무언가가 보이기 시작했습니다. 다른 책과는 차별화되는 이야기가 보이기 시작했고, '왜 이 사람의 이야기는 저 사람의 이야기와 다를까?' 하는 궁금증이 생겨나기 시작했어요. 비로소 비교할 줄 알게 된 것입니다. 그러면서 서로 무엇이 다른지 설명할 수 있었습니다.

이런 과정에서는 알고 있는 게 적으면 적을수록 유리합

니다. 일단 무엇이든 많이 알면 확증편향이 생겨납니다. 새로운 것을 접하더라도 이미 알고 있는 관점에서 해석하려 하기 때문이죠. 일부러 그러려고 하는 게 아닌데, 저절로 그렇게 되어버립니다. 그러면 제대로 된 맥락을 볼 수가 없습니다.

그리스 신화의 등장인물들은 이른바 카타바시스(katabasis), 즉 하강을 경험합니다. 하데스, 즉 죽음의 세계로 떨어지는 것을 카타바시스라고 합니다. 그리스 신화의 이야기는 밑바닥으로 추락했다가 훨씬 다양한 지식과 지혜를 가지고 세상으로 돌아온다는 해피엔딩으로 끝을 맺습니다. 밑바닥으로 떨어진다는 것은 아무것도 가지지 않은 상태, 그리고 이제 올라가기만 하면 되는 상태를 의미합니다. 저는 맥락을 찾아가는 여정이 마치 카타바시스와 같다고 생각합니다. 맥락을 찾는 것은 지금까지 알고 있던 지식을 제쳐두고 새롭게 지식을 추구하는 행위입니다. 지금까지 알고 있던 걸 모두 잊고 머릿속을 백지상태로 만드세요. 그리고 처음부터 다시 시작하는 겁니다.

이럴 때 에고는 굳이 힘든 일을 하지 말라고 말릴 겁니다. 책임을 감수하지 말라고 부추기고, 문제의 핵심을 찾아내더라도 세상은 달라지지 않을 것이라고 말할지도 몰라요.

하지만 핵심을 파악하고 맥락을 찾아내는 사람은 다른 것으로 대신할 수 없는 자신감을 찾을 수 있습니다. 그래서 저는 이제부터 맥락을 찾기 위한 방법 세 가지에 대해 말해보려 합니다. 책 내용의 맥락을 파악해가며 좀 더 구체적으로 설명해보겠습니다.

기준점을
찾을 것

맥락을 파악

할 때는 '무엇을' 생각할지도 중요하지만, '어떻게' 생각할

지가 더 중요합니다. 어떻게 생각해야 하는가를 고민하면서

가장 먼저 해야 할 일은 바로 기준을 찾는 것입니다.

지금부터 IT 기술 발달에 따른 기억력 변화에 관한 니

컬러스 카(Nicholas Carr)와 클라이브 톰슨(Clive Thompson)

의 주장을 살펴보며, 어떻게 판단할지 그 기준을 세워보려

합니다.

2011년, 세계적인 IT 미래학자이자 인터넷의 아버지 니컬라스 카는 그의 저서『생각하지 않는 사람들』에서 발칙하고 경박한 인터넷이 출현했을 때 인간의 기억력이 쇠퇴하기 시작했다고 주장했습니다.

"나는 예전의 생각했던 방식으로 생각하지 않는다."

그는 이렇게 말하며, 천천히 집중해야만 이해할 수 있는 인쇄물이 콘텐츠의 중심이었을 때 인간의 사고 수준이 더 높았다고 탄식했죠.

『생각하지 않는 사람들』은 전 세계에 큰 반향을 일으켰습니다.《뉴욕타임스》에서 누구나 고개를 끄덕이게 만드는 적확한 예제와 명쾌한 분석으로 IT 경제에 관한 진실을 단순 명료하게 소개해왔던 인물이 쓴 책이기에, 사람들의 신뢰는 무척 굳건했죠. 책이 출간된 이후 니컬러스 카의 주장대로 디지털 기술이 디지털 치매를 유발한다거나 인류의 생각하는 능력을 갉아먹는다는 이야기는 정설처럼 굳어져 버렸습니다.

그런데 2013년, 클라이브 톰슨이『생각은 죽지 않는다』에서 완전히 다른 주장을 내놓습니다.

'회로가 바뀐' 두뇌를 놓고 전문가나 언론인들은 저마다 독단적인 견해를 내놓고 있지만 한 가지 짚고 넘어가야 할 것이 있다. 이렇다 저렇다 하기에는 아직 이르다는 사실이다. 신경과학 분야의 학자들은 우리 두뇌의 구조에 대해 아직 제대로 밝혀진 것이 없다는 사실을 조심스레 지적한다. 두뇌의 작용에 관한 한, 기억이나 창의력이나 통찰력 같은 복잡한 문제들은 대부분 베일에 싸여 있다.

　　　　　　　　　　　　　　　 - 클라이브 톰슨, 『생각은 죽지 않는다』

　이 주장은 정확히 2011년 니컬러스 카가 쓴 책의 주장을 반박합니다. 이 둘 중 과연 누구의 말이 맞을까요? 객관적인 사실을 중심으로 이 두 저자를 살펴보겠습니다.

　니컬러스 카는 세계적 경영컨설턴트이자 《이코노미스트》가 뽑은 글로벌 CEO 132인에 뽑히기도 했습니다. 그는 『생각하지 않는 사람들』로 2011년 퓰리처상 논픽션 부문 최종 후보에 오르기도 했습니다.

　클라이브 톰슨은 캐나다 출신으로, 기술 과학 분야의 베테랑 저널리스트입니다. 토론토대학교에서 정치학을 공부했고, 《뉴욕타임스 매거진》과 《와이어드》의 전속 칼럼니스트죠.

　이 둘은 서로 다른 주장을 합니다. 니컬러스 카는 발달하는 IT 기술 때문에 인간의 기억력이 쇠퇴하고 있으며 이런 현상이 더 가속화되고 있다고 말합니다. 그는 『유리감옥』이라는 책에서 이런 현상이 어떻게 진행되어가고 있는지 설명했죠. 반면 클라이브 톰슨은 기술이 발달하더라도 인간의 기억력은 쇠퇴하지 않고, 새로운 방법으로 진화하고 있다고 말합니다.

이제 여러분이 생각을 정리해서 의견을 말할 차례입니다. 과연 누구의 주장이 맞을까요? 물론 어렵고 부담스러운 작업입니다. 그러나 수많은 매체와 미디어에서 서로 다른 의견이 쏟아지고 있는 상황에서 피할 수 없는 일입니다.

여러분이 만약 어떤 주장을 말로 표현하려면, 이와 관련한 주장을 모두 살펴보고 이해해야만 합니다. 이때 다음 세 가지 지침을 알아두어야 합니다.

첫째, 무조건 객관적이어야 합니다. 우리는 보통 자기가 사물을 있는 그대로 인식한다고 여깁니다. 이를 소박실재론(naive realism)이라고 표현해요. 또 다른 이의 시각을 인정하지 않죠. 매우 교만하고 위험한 생각입니다. 그러나 대다수가 소박실재론에 빠져 있고, 더 큰 문제는 이를 인지하지도 못한다는 겁니다. 그래서 실상은 그렇지 않은데 본인의 정치적 신념이나 지식으로 상대를 설득할 수 있다고 생각하죠. 우리는 의식적으로 자기 의견을 객관화하려 노력해야 합니다.

둘째, 언제든지 내 생각과 다른 의견이 나올 수 있다는 걸 알아야 합니다. 어떤 내용을 기준으로 하나의 사물이나 현상을 이해했다 하더라도 이를 반박하는 책, 논문이나 칼럼, 동영상 등이 등장할 수 있습니다. 반박 자료가 나왔을 때 어떤 기준으로 반박했는지 파악하는 것도 필요합니다. 서점에서 관련 자료를 찾을 때는 주의를 기울여야 합니다. 앞서 언급한 『생각하지 않는 사람들』은 경제경영, 『생각은 죽지 않는다』는 인문으로 분류되어 서점에 진열되었죠. 유기적으로 주장이 연결된 두 책이 서로 다른 분야에 놓여 있어 찾기 어려울 수 있습니다. 이런 점을 모두 고려해 반박 자료를 살펴야 합니다.

셋째, 상반된 내용이 있다면 그때부터 담론 싸움을 시작해야 합니다. 누가 더 객관적인 증거를 더 많이 확보했는지에 따라 승패가 결정 납니다. 물론 단순히 증거가 많다고 해서 그것이 올바른 주장인 건 아니지만요.

이렇게 명확하게 기준을 찾아야겠지만 잊지 말아야 할 것은 기준점은 언제든지 움직일 수 있다는 사실입니다. 한마디로 우리는 언제라도 유연성을 갖춰야 합니다.

이만하면 됐다는
위험한 생각

인간이라면
누구나 종결 욕구를 가지고 있습니다. 어떤 주제에 대한 확실한 대답, 즉 혼란과 모호성을 없애주는 답변을 원하죠. 최근 심리학계에서는 종결 욕구에 대한 관심이 폭발적으로 증가하고 있습니다. 종결 욕구는 트라우마 때문에 발생한다고 합니다. 불안하고 불편한 상황에서 어떤 상황으로든 끝맺음을 하고 싶은 마음에 종결 욕구가 고개를 듭니다. 직접 그런 상황을 겪지 않고 상기하는 것만으로도 종결 욕구는 튀어나옵니다. 예컨대 9·11 테러를 직접 경험한 사람과 마찬가지로 그 사건을 떠올리는 사람도 종결 욕구에서 자유로울 수 없습니다. 자연재해도 종결 욕구를 부추기는 대표적인 사례입니다. 1989년 미국에 허리케인 휴고가 상륙했을 때나 2011년 일본에서 발생한 동일본대지진 때도 많은 이가 종결 욕구를 느꼈습니다. 종결 욕구는 인간의 자연스러운 욕구 중 하나이기 때문에 사람의 의지로 조절할 수 있는 게 아닙니다.

이런 종결 욕구는 어떤 사안에 대하여 고민하지 않고 빠른 결정을 내리게끔 합니다. 종결 욕구를 지닌 사람에게는 강한 자신감이 생깁니다. 그래서 본인이 내리는 결정이 틀릴지도 모른다는 생각은 하지 않습니다. 자신이 내린 결론을 합리화하면서요.

불안한 상황을 빠르게 모면하려는 이런 심리는 창의력을 낮춥니다. 다양한 방식으로 해석해보거나 다른 해답을 찾을 기회를 빼앗아갑니다. 빠르게 결정을 내리려면 익숙한 방식으로 해야 하니 자연히 융통성과 유연성이 떨어집니다.

종결 욕구는 집단과 조직에도 영향을 미칩니다. 빠른 결정을 내리기 좋아하는 사람이 팀의 리더라고 가정해봅시다. 리더가 다음과 같이 질문합니다.

"이번 행사를 진행할 때 스태프 일정을 어떻게 조정해야 할까요?"

그중 평소 합리적인 결정을 내왔고, 자기주장을 힘 있게 잘 말하는 박 팀장이 말합니다.

"9시부터 12시, 12시부터 15시, 15시부터 18시로 나눠 인원을 배정했습니다. 여기 시간별로 근무할 스태프 명단입니다."

"음, 그래요. 이렇게 진행하면 될 것 같군요. 혹시 다른 의견 없습니까?"

이때 김 대리는 생각합니다.

'오전 일찍이나 늦은 저녁 시간에는 사람들이 몰리지 않을 것 같은데, 점심시간부터 오후 시간대에 사람을 많이 배치하고 그 외 시간에는 좀 더 적은 인원이 일하면 좋지 않을까?'

하지만 이런 의견을 내면, 명단을 다시 짜야 하고 회의를 한 번 더 진행해야 합니다. 아이디어를 냈다가 일을 다 떠맡게 될 것 같은 불안감도 몰려옵니다. 회의를 한 번 더 진행하면 다른 회의 참석자들의 시간을 뺏는 게 되니 미안하기도 하고요. 결국 경험이 더 많은 박 팀장의 의견을 따르는 게 낫다고 합리화하며 김 대리는 입을 다뭅니다. 이렇게 종결 욕구는 조직의 다양성을 파괴하죠. 빠르게 결정을 내리려는 리더 앞에서 다른 의견을 내는 구성원은 무시당하고 소외됩니다. 자연스럽게 가장 큰 목소리를 내는 사람의 의견을 따르게 되고, 그런 분위기에서는 독재적인 리더가 힘을 발휘합니다.

맥락을 찾으려면 종결 욕구는 극복해야 할 대상입니다. 성급한 결론을 요구하는 사회에서는 정보를 더 찾는 데 시간과 노력을 투자하지 못 하게끔 합니다. 자연스럽게 구성원들 사이에는 '이만하면 됐지.'라는 생각이 지리 잡습니다. 이때 우리에게 필요한 건 바로 참을성입니다. 완전한 답을 찾을 때까지 기다려야 합니다.

사실 제가 이렇게 이야기해도 막상 여러분이 특정 주제에 대한 해답을 찾을 때면 서둘러 결론 내리고 싶은 마음이 고개를 들 것입니다. 어떤 문제를 해결하는 데 너무 많은 시간을 투자하는 것은 적절하지 못한 행동이라고 여기는 사회 분위기 때문이죠. 대부분 검색만으로 해결할 수 있다고 판단하는 경우도 많고요. 여러분이 만약 조직에 소속되어 있다면 충분히 기다려주지 못할 것입니다. 빠르게 변하는 세상에서 기다림은 마치 죄악처럼 느껴지니까요.

그러나 이 글은 읽은 후에는 맥락을 파악할 시간을 충

분히 확보하려고 노력하세요. 충분한 시간을 투자하지 않으면, 문제에 대한 해답을 서둘러 찾았다 한들 검증하지 못합니다.

해답을 찾았다고 강하게 확신하는 태도는 버려야 합니다. 지식이란 언제든지 변할 수 있으니까요. 이렇게 하는 게 쉽지만은 않을 겁니다. 하지만 이대로만 한다면 여러분은 말을 잘하는 것은 물론이고, 어느새 멋진 사람이 되어 있을 거라고 자신할 수 있습니다.

자신을
믿을 것

저는 강연,
독서 모임, 사업 건으로 많은 사람을 만납니다. 예전에는 조
직 생활을 하는 사람을 많이 만났지만, 최근에는 창업 열풍
이 불어 좀 더 다양한 사람을 만나곤 합니다. 다양한 경험과
전공을 가진 사람을 만나는 게 제 삶의 가장 큰 원동력이죠.

그런데 다양한 사람을 만나다 보니 뜻밖의 사실을 알게
되었습니다. 자기 생각이 뚜렷한 사람을 좀처럼 찾아보기
어렵다는 것이죠. 그들에게 "당신은 자신만의 명확한 의견

이나 생각이 있나요?"라고 물으면 "그렇다."라고 대답하는 사람이 많을 겁니다. 본인이 주변의 영향을 얼마나 많이 받는지 인지하지 못해서 하는 말입니다.

실제로 사람이 내리는 결정의 99.9퍼센트는 타인의 영향을 받습니다. 흥미로운 건 많은 이가 다른 사람이 타인의 영향을 받는 것은 인정하면서도 자신은 타인의 영향을 받지 않는다고 믿고 있다는 점입니다.

흥미로운 실험 하나를 소개해볼게요. 심리학자 무자퍼 셰리프(Muzafer Sherif)와 솔로몬 아시(Solomon Asch)는 맥주를 선택하고 시음하게 하는 실험을 했습니다. 실험은 두 가지 방식으로 진행되었는데, 한 그룹은 같은 테이블에 앉았더라도 다른 사람이 알지 못하도록 메모로 맥주를 주문하게 했습니다. 다른 한 그룹은 다른 사람이 어떤 맥주를 주문했는지 알 수 있게 공개된 장소에서 주문하게 했죠.

실험 결과, 온전히 본인 혼자 고민해서 맥주를 주문한 첫 번째 그룹은 맥주에 대한 만족도가 높았습니다. 반면 다른 사람이 시킨 맥주를 보고 따라 선택한 사람이 많았던 두 번째 그룹은 첫 번째 그룹보다 자신의 결정을 후회한 사람이 세 배나 더 많았습니다.

이와 같은 실험은 이후에도 수없이 반복되었고, 그 결

과는 비슷했습니다. 항상 사람은 다른 사람의 영향을 '많이' 받았습니다.

우리는 살면서 수많은 결정을 내립니다. 자동차를 구매하고, 영화를 보고, 책을 사고, 연애를 하고 또 결혼을 합니다. 대부분 내가 원하는 일이어서, 혹은 내가 좋아하는 것이어서 결정할 수 있었다고 생각합니다. 하지만 실험 결과에서 알 수 있듯 우리는 모든 결정을 할 때 주변 영향을 받습니다. 인정하든 인정하기 싫든 이 사실은 변하지 않습니다. 그리고 이 사실은 종종 우리를 곤경에 빠뜨립니다.

이러한 상황을 생각해봅시다. 여러분은 상사에게 사업 보고를 하기 위해 자료를 정리해서 전자 결재를 올렸습니다. 그런데 상사가 갑자기 대면 보고를 하라는 지시를 내립니다.

"김 과장, 자네는 이 사업에 대해서 어떻게 생각하나? 나는 진짜 자네 의견을 듣고 싶은데 이거 해야 하는 일이야, 하지 말아야 하는 일이야?"

사실 이런 상황이 닥치면 대부분의 직장인은 상사가 하지 말라는 뜻으로 말했다고 생각합니다. 이때 본인 의견을 밝히고 이 사업을 왜 해야만 하는지를 소신 있게 이야기하는 구성원은 거의 없습니다. 하지만 어쩌면 상사는 정말로 자기 의견을 제대로 이야기할 줄 아는 구성원을 찾고 있을 수도 있습니다. 상사는 소신 있게 자기 의견을 말할 줄 아는 직원을 보고 그가 비즈니스 문제를 전체적으로 파악하고 있는지 판단할 수 있기 때문이죠.

저는 맥락을 찾는 일 중 가장 중요한 것이 바로 자기 자신을 믿는 것이라고 생각합니다. 그 누구의 의견에도 치우치지 않고, 남들이 제시하는 기준과는 다른 기준으로 세상을 바라보고 해석할 줄 아는 진짜 지혜가 있어야 합니다. 그렇게 하면 본인만의 지적 세계를 완성할 수 있습니다. 앞서 예로 든 맥주 실험 때의 첫 번째 그룹처럼 말이죠. 그런데 누구의 의견에도 치우치지 않고 자신만의 기준으로 판단하기 위해서는 버려야 할 것이 세 가지 있습니다.

첫째, 빅데이터를 버리세요. 빅데이터 분석을 하지 말고, 첨단 분석 도구가 존재하지 않았던 과거로 돌아가야 한다는 이야기는 아닙니다. 빅데이터에 의존해서 여러분이 지닌 직감을 훼손시키지 말라는 것이죠. 데이터에 의존하다 보면, 나중에는 데이터 없이는 어떤 결정도 내릴 수 없게 됩니다.

둘째, 조직에 소속되어 있다는 소속감, 안전감을 버리세요. 인간은 어디에도 소속되지 못 하고 따로 떨어지면 정서적으로 불안해집니다. 하지만 이런 느낌에서 자유로워야 합니다. 자신을 특별한 존재라고 생각하며 조직에서 '또라이'가 되어보는 것도 나쁘지 않습니다. 그렇다고 해서 객관적이지 않고 비합리적인 의사 결정을 하라는 뜻은 아닙니다. 여러분이 올바른 판단을 할 수 있다고 믿고, 남과는 다른 생각과 판단을 할 수 있는 용기를 가져야 한다는 의미입니다.

셋째, 자존심을 버리세요. 여러분이 남보다 더 우월하다는 생각, 여러분의 생각은 틀리지 않을 거라는 확신도 버리세요. 신념은 언제든지 바뀔 수 있고, 지식 또한 영원하지 않습니다. 나이가 들면서 우리는 점점 더 주장이 강해지고, 완고한 사람이 되어갑니다. 그러니 항상 경계해야 합니다. 틀린 이야기를 고집스럽게 하는 사람이 가장 짜증 나는 이야기 상대라는 걸 잊지 마세요.

언제든
틀릴 수 있다고 의심하기

지금까지 맥락 파악에 대해 여러 가지 이야기를 했습니다. 여러분은 제가 자신만만하게 맥락 파악의 중요성을 말하고 있다고 생각할지도 모르겠습니다. 솔직하게 말하면 그렇기도 하고, 그렇지 않기도 합니다. 왜냐하면 저는 마음 한쪽에 항상 '나는 언제든 틀릴 수 있다.'라는 생각을 남겨놓기 때문이죠.

여러분도 자신이 언제나 옳다는 생각은 내려놓아야 합니다. 기본적으로는 자신감 있게 주장해야 하지만, 틀릴 수도 있다는 가능성은 인정해야 합니다. 물론 내려놓기는 언제나 어렵습니다.

또 내려놓을 거라고 결심하더라도 실천하지 못하는 경우도 많겠지요. 말로는 본인이 틀릴 수도 있다고 말하지만 실제로는 그렇지 않은 경우도 있고요. 나이가 들수록, 더 많이 배울수록, 더 많은 성과를 이룰수록 이런 성향은 더 강해집니다. 물론 개인차가 있겠지만요.

어렵게 언제든 틀릴 수도 있다고 생각하게 되었다면, 틀렸을 때는 틀렸다고 빠르게 인정해야 합니다. 이 또한 참 실천하기 어려운 일입니다. 여러 가지 이유가 있지만, 강하게 주장해야 사회에서 살아남을 수 있기 때문이죠.

현대 사회에서는 자기 생각을 명확하게 표현하지 않으면 살아가기 어렵습니다. 말하기 좋아하는 사람들이 여기저기서 튀어나와 자기 생각을 강요합니다. 자칫 잘못하다가는 그들의 의견에 휩쓸려버리기 쉽습니다. 그러지 않으려고 우리는 더 강한 주관을 가지려 노력하고, 에고는 점점 더 커집니다. 그러다 보면 생각은 굳어지고 틀린 것을 인정하기 힘든 사람이 되지요.

그렇기에 실천하기 힘들겠지만, 틀렸을 땐 틀렸다고 인정해야만 합니다. 수많은 배움과 성찰이 있어야 가능한 일입니다. 솔직히 저도 실천하지 못하는 경우가 많습니다.

확고한 생각을 갖고 있어야만 사회에서 살아남을 수 있는데, 또 유연한 생각을 해야만 말을 잘할 수 있다고 하니 이보다 어려운 일이 또 어디 있을까요?

단단한 생각과 틀릴 수도 있다는 생각 사이. 그 사이 적절한 균형을 잡는 일은 여전히 숙제로 남습니다. 균형점을 어디에 놓을 것인지는 여러분의 선택에 달렸습니다.

4장

:

단순한 삶을 위한
집중하는 연습

숙고할 시간을 가져라. 그러나 행동할 때가 오면 생각을 멈추고 뛰어들어라.

– 나폴레옹

우리는
생각하지 않는다

어느 대기업 CEO가 저에게 푸념 섞인 말을 했습니다.

"이 소장, 요즘 사람들은 정말 생각이 없어, 생각이. 자네가 우리 회사 와봐서 알겠지만, 도무지 무슨 생각을 하고 사는 건지. 회의할 때 임원한테도 물어보면 아무 생각이 없더라고. 이래서 회사가 잘 굴러가겠냔 말이야!"

전 대뜸 그에게 물었죠. "근데 대표님은 생각이란 걸 하세요? 바빠서 생각할 겨를도 없으신 텐데요. 온종일 사람들에 둘러싸여 있으니 더하실 것 같아요."

우리는 정말 시간이 없습니다. "시간이 없다." "바쁘다 바빠." "빨리빨리."라는 말을 하루에도 몇 번씩 합니다. "전화를 드린다는 게 깜빡했습니다. 제가 정신이 없어서요."라는 말도 자주 하는 말이죠. 급한 마음에 내뱉은 말 때문에 손해를 보는 경우도 있고, 멍 때리다가 중요한 일을 놓치는 경우도 있습니다. 시간이 없다는 이유로, 생각도 않고 일에 휩쓸려 갑니다.

『트렌드 코리아 2019』에 따르면 요즘은 사람들은 인터넷에서 기사를 클릭하면 기사 내용보다 댓글부터 먼저 살펴본다고 합니다. 댓글 여론에 따라 기사가 다루고 있는 사안에 대한 자신의 의견 또는 감정을 정하는 것입니다. 잘 모르는 사안을 다루는 인터넷 기사일수록 그런 경향이 더욱 크게 나타나죠. 인터넷 기사를 보고 자기 생각을 정리하며 입장을 정하는 과정을 생략하고, 사람들은 오직 댓글 여론만으로 자신이 좋아해야 할지 싫어해야 할지, 혹은 슬퍼해야 할지 분노해야 할지부터 정하고 있습니다.

이렇듯 이제 우리는 생각을 하지 않습니다. 하지만 말을 잘하려면 생각을 해야 합니다. 아무리 자료를 완벽하게 정리했더라도, 또 그 자료의 중요한 맥락을 찾았더라도, 내

것으로 만들지 않는 이상 헛수고에 불과하거든요.

현대인이 생각하는 건 참 어렵습니다. 그런 데는 두 가지 이유가 있습니다.

첫째, 우리는 대부분 외부 자극에만 반응하고 행동합니다. 소셜 미디어가 만들어놓은 세상을 살펴볼까요? 페이스북과 트위터를 열면 다음과 같은 질문이 가장 먼저 등장합니다.

"무슨 생각을 하고 계신가요?"

"무슨 일이 일어나고 있나요?"

소셜 미디어를 사용하는 이에게는 익숙한 질문이죠. 이런 질문은 우리가 얼마나 괜찮은 사람인지, 또 하는 일이 얼마나 잘되고 있는지 자랑하게 합니다. 소셜 미디어는 우리로 하여금 충만한 내면에서 위안을 얻는 대신, 외부에 나를 드러내고 자랑하는 행동으로, 즉 외부 반응으로 위안을 얻게 하죠. 우리는 에고가 지나치게 중요한 세상에 살고 있습니다. 그래서 사람들은 점점 더 강한 에고를 원합니다.

둘째, 우리는 대체로 무엇이든 다 할 수 있다는 희망적인 생각을 하고 있습니다. 150년 전 신사상이라는 종교 철학이 있었습니다. 심리학자 윌리엄 제임스(William James)는 이를 마음 치료 운동이라고 했죠. 그는 세상의 모든 해악과

질병은 정신적인 원인 때문에 생겨났으므로, 그 원인과 결과를 뒤집으면 문제를 해결할 수 있다고 말했습니다. 우리가 생각하기만 하면 건강, 권력, 성공은 가질 수 있다고 주장했죠.

시간이 흘러 1990년대로 넘어오고 인터넷이 상용화되면서 신사상은 긍정적 사고로 되살아났습니다. 의심은 하지 말아야 할 것으로, 과대망상은 해야 할 것으로 간주되었습니다. 닷컴 버블이 세상에 등장하게 된 바탕에는 이런 철학이 깔려 있었죠. 그렇기 때문에 생각만 하면 누구나 성공할 수 있다는 이야기가 헛된 희망으로 들리지 않았을 것입니다. 긍정적 사고는 곧 긍정적 미래를 만든다고 믿었고, 우리는 아직도 이런 생각을 하고 살고 있습니다.

유명한 자기계발서 저자들은 "우리가 성공하지 못하는 것은 우리가 성공하려고 생각하지 않았기 때문이다. 그동안 노력하지 않았기 때문에, 앞으로 노력만 하면 성공할 수 있다."라고 말합니다.

그러나 한 번 더 생각해보겠습니다. 진정으로 강한 사람은 어떤 사람일까요? 저는 강한 사람일수록 침묵한다고 생각합니다. 그는 침묵을 통해 휴식하고, 남의 인정을 얻기 위해 시간을 허비하지 않습니다. 그리고 남이 인정하지 않는다고 해서 자기 능력을 의심하지도 않죠. 누가 뭐라 해도 자신이 믿는 바가 확실하며, 스스로 정리한 생각과 의견을 말합니다. 믿기 어렵겠지만, 이런 사람이 분명 존재합니다.

　하지만 사람들은 보통 온종일 전화, 이메일, 문자, 소셜 미디어 등으로 시간을 보냅니다. 이동하면서는 방송을 듣고, 잠시라도 자리에 멈춰 있을 때면 지난밤 보지 못했던 드라마를 시청합니다. 혼자 밥을 먹을 때도 게임을 하거나 밀린 예능 프로그램을 보죠. 도무지 생각할 겨를이 없습니다. 온종일 소비해도 감당할 수 없을 정도로 매일 엄청난 양의 정보와 미디어가 우리에게 쏟아집니다. 우리는 계속해서 정보를 받아들입니다. 어떤 정보를 보느냐에 따라 자신의 경쟁력이 달라진다고 믿으면서요.

　하지만 말을 잘하려면 생각하는 시간이 있어야 합니다. 생각은 자신에게 말하는 것과 동일하기 때문이죠. 타인에게 말하는 걸 마음속으로 연습하는 게 바로 생각입니다. 사람은 감정을 통제할 수는 없지만, 생각은 통제할 수 있습니다. 자기 생각을 얼마나 신뢰하는가는 감정과 행동에도 영향을 미칠 수 있죠. 그러니 꾸준히 생각하려고 노력하면, 행동도 바꿀 수 있습니다. 4장에서는 왜 생각이 중요한지, 생각이 말하기에 어떤 영향을 미치는지, 생각하기 위해서 무엇을 해야 하는지를 살펴보려 합니다. 정리한 것에서 맥락을 찾고, 스스로 생각할 수 있게 되면 여러분은 분명 더 나은 모습이 되어 있을 것입니다.

생각은 보이지 않습니다. 보이지 않으니 남이 따라 하기도 힘듭니다. 생각을 여러분의 경쟁력으로 삼으세요. 남이 가지고 있지 않은, 게다가 남에게 보이지도 않는 여러분만의 무기가 되어줄 겁니다.

책 쓰는 시간 1년,
책 읽는 시간 10시간?

언젠가부터 '죽기 전에 내 이름으로 된 책 한 권 내고 싶다'라고 생각하는 사람이 많아졌습니다. 그래서 책 쓰기 강좌가 성행하기도 했죠. 하지만 책 쓰는 작업은 만만치 않은 일입니다. 물론 쉽게 할 수 없는 작업이기에 죽기 전에 꼭 한번 해보고 싶다는 사람이 많은 것이겠죠.

그렇다면 책을 자주 펴내는 저자는 책 한 권 쓰는 데 얼마나 많은 시간을 투자할까요? 저자마다 상황은 다르겠지만, 보통 1년 이상은 걸립니다. 300쪽 분량의 단행본이라면 A4 용지로 대략 100장을 써야 하는데, 하루에 한 장씩 쓴다고 가정하면 100일이 걸립니다. '하루에 한 장쯤이야.'라고 생각하기 쉽지만, 책을 쓰다 보면 하루 한 장 쓰는 일이 생각보다 어려운 일이라는 것을 실감하게 됩니다.

이렇게 쓴 글이 초고이고, 초고를 다 썼다고 책이 완성되는 건 아닙니다. 탈고 후 출판사 편집자가 진행하는 교정 교열과 편집 등에 많은 시간이 걸립니다. 책 한 권에 이처럼 많은 이의 시간이 투여되는 것이죠.

독자는 이렇게 만들어진 책을 단 몇 시간 만에 읽을 수 있습니다. 저자가 몇 년 동안 고민하는 과정을 거친 후 1년 동안 쓴 글을 우리는 하루도 되지 않는 시간에 읽을 수 있죠. 저자가 긴 시간 동안 경험한 지식을 짧은 시간에 이해할 수 있도록 만든 것이 바로 책입니다. 그래서인지 상당수의 독자는 저자의 생각을 열 시간 안에 이해할 수 있다고 여기는 것 같습니다.

특히 높은 자리에 오른 사람이라면 이러한 현상은 더 심해집니다. 우열의 계단이라는 말을 아시나요? 사람이 권력을 얻으면 일곱 단계를 거쳐 변한다고 합니다. 우선 1단계에서는 영향력과 우월감을 느끼기 시작하고 2단계가 되면 기쁨을 느끼거나 자신감이 높아집니다. 그러다가 3단계가 되면 우월감이 어느 정도 공고해집니다. 이 정도가 되면 리더 주변 사람이 리더의 의견에 반박하는 경우가 급격히 줄어듭니다. 설령 어떤 반대가 있어도 결국 리더가 승리하는 경우가 많아지죠. 4단계가 되면 나쁜 행동을 하거나 실수를 저질러도 그 누구도 비판하지 않습니다. 오히려 주변에서 말조심을 하기도 합니다. 5단계가 되면 독단이 만개하기 시작하는데, 이때부터는 자신을 과대평가합니다. 자신을 우월한 존재라고 느끼죠. 그러다 6단계에 이르면 깊은 외로움을 느낍니다. 이 단계에서는 주변 사람을 의심하기 시작합니다. 자신의 의견에 따르는 사람은 솔직하지 않다고 생각합니다. 환심을 사려는 거짓 행동이라고 여기죠. 마지막 7단계에 이르면 부하 직원을 경멸하기 시작합니다.

여러분이 어떤 단계에 있는지 저는 알지 못합니다. 하지만 누구든 나이가 들고 사회에서 한 단계씩 높은 자리로 이동하게 되면 우열의 계단을 차례로 오르게 될 것입니다. 어느 순간 인생에서 중요한 것은 지우고 권위, 권력, 자만, 욕심으로 삶을 채우기 시작하죠. 배워야 한다는 생각은 하지 않습니다. 그래서 나이가 들수록, 사회적 지위가 높아질수록 책을 읽는 열 시간만으로 저자의 생각을 모두 이해한다고 착각하기가 쉽죠.

하지만 책은 깊이 있는 내용을 함축하여 담고 있으므로, 한 번 읽는 것으로는 저자의 생각을 모두 이해하기 어렵습니다. 그러므로 좀 더 책을 잘 이해하려면 내용을 정리하고 맥락을 찾고 스스로 생각하는 작업이 필요합니다. 그렇게 하지 않으면 실제 그 지식은 내 것이 되지 않습니다. 단순히 지식을 찾아보는 것과 실제로 깨닫는 것은 천지차이입니다. 이것이 제가 지금까지 수백 권의 책을 요약정리하면서 깨달은 한 가지입니다. 일에 쫓겨 생각하지 않고 요약정리를 하는 것과 생각하는 과정을 한 번 거친 뒤 요약정리를 하는 것에는 큰 차이가 있습니다. 바쁘다는 핑계로 바로 그다음 단계로 넘어가 버리면, 내용이 머릿속에서 정리되지 않아요.

물론 바쁜 현대인에게는 생각하는 일이 사치처럼 느껴질 수도 있습니다. 하지만 생각할 여유가 있을 때 생각하려고 하면 안 됩니다. 없는 시간을 쪼개서 해야 합니다. 생각을 해야 정리와 맥락을 찾는 일을 좀 더 정교하게 할 수 있거든요. 이 과정을 통해 우리는 비로소 사물과 이치의 본질을 파악할 수 있습니다.

위기를 기회로
바꾼 애플

과거 수 세기 동안 역사 속에서 영향력을 행사한 사람들의 공통점은 글을 읽고 쓸 수 있는 이들이었다는 것입니다. 그러나 1995년부터 인터넷이 상용화되면서 변화가 시작되었습니다. 존 바텔(John Battelle)은 2005년 출간한 『검색으로 세상을 바꾼 구글 스토리』에서 이제는 적절한 검색어를 입력하고 가장 좋은 정보를 찾아내는 능력이 중요하다고 말했습니다. 즉 방대한 정보 속에서 가장 좋은 정보를 찾아낼 수 있는 능력을 지닌 사람이 힘을 갖는 시대로 돌입한 것이죠. 그리고 이런 흐름은 인맥 관리 형태에도 영향을 미쳤습니다. 나에게 필요한 사람을 검색하고 관리하고 활용하는 능력, 즉 네트워크 활용 능력에 따라 성공이 좌우된다는 생각이 퍼져나갔습니다.

하지만 이런 생각도 이제는 낡은 가치로 전락했습니다. 최근에는 SNS에서 무분별하게 늘린 인맥의 한계를 느끼며 오히려 인맥 다이어트를 하기도 하고, SNS 자체를 줄이자는 목소리도 나오고 있습니다.

이렇게 유행에 따라 오르내리는 트렌드를 보면, 영원히 변하지 않는 가치는 없는 것 같습니다. 하지만 가만 다시 생각해보면, 핵심 파악이 지금까지의 흐름을 모두 설명해주는 가장 큰 가치라는 것을 알 수 있습니다. 글을 읽고 쓸 줄 아는 사람, 적절한 검색어를 선택하여 좋은 정보를 찾는 사람, 필요한 정보를 찾아내는 사람 모두 핵심이 무엇인지 제대로 파악할 줄 아는 사람이죠. 사실 지금까지의 모든 변화는 핵심 파악이라는 큰 키워드를 벗어나지 않았습니다.

그럼, 핵심을 파악하지 못해 기회를 놓친 경우와 핵심을 파악해 성장한 경우를 예로 들어볼게요. 『콘텐츠의 미래』라는 책에 나왔던 예를 여기서 다시 소개하려 합니다.

인터넷이 등장한 1995년 이후 지금까지 많은 일이 일어났습니다. 처음 큰 변화를 맞은 분야가 바로 음악이었습니다. 음원 서비스가 시작되자 불법 음원 다운로드가 활성화되고 CD 판매가 급감했습니다. 이어 신문이 타격을 입었습니다. 신문사는 살아남기 위해 몸부림을 쳐야 했습니다. 책과 영화, 텔레비전, 광고와 교육까지 콘텐츠의 거의 전 영역이 인터넷의 영향을 받았습니다. 이 산업에 종사하는 모든 관리자는 변화의 위험을 크게 느끼기 시작했고, 살아남기 위해 투쟁을 시작했습니다. 그들의 해법은 복잡하지만 간단했습니다. 가지고 있던 콘텐츠를 더 강화하고, 첨단 기술과 첨단 마케팅 도구를 새로 장착하는 것이었죠. 우리가 지금 경험하고 있는 모든 콘텐츠는 이렇게 만들어졌습니다. 개인화, 인큐베이터, 네트워크, 플랫폼, 빅뱅 디스럽션 등 변화하는 환경에 대응하기 위한 많은 이론이 생겨났습니다.

그런데 새로운 변화에 대응하기 위해 한 이런 선택이 적절한 것이었을까요? 냅스터, 유튜브, 페이스북, 넷플릭스의 등장에 대응했던 방식을 돌이켜보면, 적절하지 않았습니다. 넷플릭스가 설립되었을 때 블록버스터가 무시했듯이, 대부분은 이미 가지고 있는 것만 소중하게 여겼습니다. 다른 기회를 파악하지 못했죠. 좀 더 구체적인 사례를 들어보겠습니다.

많은 전문가는 1990년대 후반 음반 사업을 망하게 한 주범으로 불법 다운로드 사이트였던 냅스터를 지목합니다. 냅스터가 등장했을 때 음반 회사들은 냅스터와 이용자를 범법자로 간주하고 무차별 소송으로 대응했죠. 당시로서는 어쩔 수 없는 선택이었겠지만, 지금 돌이켜보면 이는 문제의 핵심을 파악하지 못한 행동입니다.

이 문제를 제대로 파악하려면 보완재라는 개념을 알아야 합니다. 보완재는 따로 사용할 때보다 동시에 사용할 때 가치가 증가하는 제품을 의미합니다. 면도기와 면도날, 프린터와 잉크, 자동차와 휘발유가 그 예죠. 음반과 콘서트 역시 보완재입니다. 보완재 사이에서는 하나의 가격이 내려가면 다른 하나의 가격은 올라가는 효과가 나타납니다.

불법 음원 다운로드가 늘어날수록 같은 기간 콘서트 비용은 세 배나 올랐습니다. 음악인은 이 사실을 알았기에, 콘서트로 수익을 올리면 되니 불법 다운로드에 별 신경을 쓰지 않았죠. 많은 음반 회사가 소송에 에너지를 쏟는 대신 콘서트 사업으로 방향을 틀었다면 위기를 기회로 바꿀 수 있었을지 모릅니다.

반면 보완재의 개념을 적절히 활용하여 위기를 기회로

바꾼 기업도 있습니다. 바로 애플이 그 주인공이죠. 애플은 닫힌 시장을 추구했기 때문에 뛰어난 제품에 비해 시장 점유율이 높지는 않았습니다. 그러다 아이팟(iPod)으로 극적인 반전을 이뤄냈습니다. 이는 바로 아이튠즈(iTunes)라는 보완재가 있었기 때문에 가능했죠. 애플은 아이튠즈에서 음원 하나당 99센트에 다운로드받을 수 있도록 저렴하게 가격을 책정하고, 아이튠즈 소프트웨어를 PC에도 설치할 수 있게 만들었습니다. 사실 아이튠즈로 애플은 거의 이익을 보지 못했습니다. 대신 아이튠즈와 호환되는 하드웨어인 아이팟으로 이윤을 남겼죠. 이 전략 덕에 아이팟은 전 세계에서 3억 대 이상이 팔렸습니다.

음반 회사와 애플의 차이는 무엇일까요? 음반 회사는 문제의 핵심을 파악하지 못했지만, 애플은 제대로 파악했다는 점이 달랐죠.

같은 맥락에서 보면 넷플릭스가 등장했을 때, 아니면 넷플릭스가 블록버스터를 찾아가 사업 제휴를 하자고 했을 때 만약 블록버스터가 넷플릭스와 손을 잡았더라면 어땠을까요? 지금과는 많이 다른 세상이 펼쳐졌을 겁니다. 아마존의 제프 베조스(Jeffrey Bezos)가 반즈앤노블을 찾아가 제휴의 손길을 뻗었을 때, 반즈앤노블은 온라인 서점은 거들떠

보지도 않았습니다. 반즈앤노블은 아마존의 영향력이 이렇게 커질 줄 상상이나 했을까요?

안드로이드가 구글에 편입되지 않고 삼성에서 안드로이드를 흡수했더라면, 지금 구글과 삼성은 각각 어떤 변화 속에 살고 있을까요? 또 일론 머스크(Elon Musk)의 테슬라가 2008년 우리나라 현대 자동차에 회사를 사달라고 부탁했을 때, 이를 거절하지 않았다면 지금 현대 자동차는 어떤 변화를 일으키고 있을까요?

앞서 언급한 사례는 비즈니스의 역사를 뒤바꿀 만한 사건들입니다. 이런 상황에 닥쳤을 때는 검색 활용 능력만으로는 문제를 해결할 수 없습니다.

내가 침묵을
즐기는 이유

제가 침묵을 즐기게 된 것은 책 리뷰 동영상을 만들기 시작한 지 2년이 지나고부터였습니다. 무언가에 집중해야만 하는 상황이 저의 삶을 바꾸기 시작했죠. 세계적인 석학이 몇 년 동안 써놓은 결과물을 읽기에 시간은 턱없이 부족했습니다. 그러나 이미 매주 책 한 권씩 읽고 공유하기로 선언했으니, 좋든 싫든 읽어야만 했습니다. 내용도 충분히 소화해야 했고요. 그러다 보니 자연스럽게 삶의 모든 방식이 변했습니다.

첫째, 사람이 많이 모이는 모임에는 참석하지 않았습니다. 저는 기본적으로 사람 만나는 것을 좋아하고, 다른 이와 삶을 공유하는 것을 즐깁니다. 하지만 집중하는 삶을 살다 보니 저녁에 사람들을 만나 이야기 나누는 것을 멀리하게 되었습니다. 사람을 만날 때마다 에너지를 빼앗기는 느낌을 받았거든요. 나중에 『센서티브』라는 책을 읽고 나서야 제가 민감한 사람이고, 사람과 함께하며 에너지를 얻기보다는 혼자 있는 시간에 에너지를 충전하는 사람임을 깨닫게 되었습니다. 그래서 지금은 일부러 사람을 자주 만나지 않습니다.

둘째, 멀티태스킹을 하지 않습니다. 어떤 일이든 하나에만 집중하고 그 작업이 끝난 후에야 다른 작업을 합니다. 심지어 운동하면서 방송을 듣는 것도 하지 않습니다. 오로지 한 번에, 한 작업만 합니다.

셋째, 소셜 미디어를 하지 않습니다. 전 세계적으로 페이스북의 가입자가 20억 명을 넘었다고 하는데, 그 20억 명 안에 제 이름은 없습니다. 페이스북이나 트위터, 인스타그램 등을 시도해보지 않았던 것은 아닙니다. 다만 사용해 보니 저에게는 맞지 않는 옷이었습니다.

넷째, 늘 충분한 수면 시간을 유지했습니다. 주말도 없이 일할 정도로 제 업무량은 상상을 초월합니다. 그런데도 늘 여덟 시간씩 잠을 잡니다. 누군가는 여덟 시간씩 잠을 자면서 많은 일을 해내는 건 불가능하다고 이야기할지 모릅니다. 하지만 충분한 수면은 모든 것을 가능하게 합니다.

이 많은 변화 중에서 침묵은 가장 중요한 변화였습니다. 저는 침묵하기 시작했습니다. 보통 아침 시간에 집중적으로 일을 하는데, 오전 10시에 운동하러 가기 전까지 서너 시간 동안 폭풍처럼 일합니다. 자리에서 일어나면 머리가 핑 돌 정도로 에너지를 많이 소모하죠. 예전의 저라면 이런 상황에서 머리를 상쾌하게 해줄 만한 요소를 찾아 헤맸겠지만, 지금은 한동안 아무 말도 하지 않고 그 상태를 즐깁니다. 내내 혼자 일했으니, 누군가를 만나 이야기하거나 보지 못했던 영화나 드라마를 보는 것도 즐거운 일이겠죠. 하지만 한동안 침묵을 하고 나면 작업한 내용이 머릿속에 한 번 더 정리되는 것을 경험한 후, 지금은 늘 열심히 작업한 후에는 침묵하는 시간을 갖습니다.

침묵을 즐기기 시작한 데는 다른 이유도 있습니다. 제게는 은사님과 같은 분이 있습니다. 이분은 국내 그룹사의 그룹연수원장을 끝으로 얼마 전 퇴임을 하셨죠. '이동우의 10분 독서'를 처음 시작할 때 큰 도움을 주셨던 분이기도 합니다. 그분은 몇 년 전 지에게 넌지시 충고 한마디를 건넸습니다.

"이동우 작가님, 오프라인 강의는 되도록 하지 않는 게 좋겠습니다."

사실 강의를 하는 건 굉장히 매력적인 일입니다. 상황에 따라서는 큰돈을 벌 수도 있는 일이죠. 그런데 강의를 하지 말라니. 그 말은 한동안 머릿속을 떠나지 않았습니다.

'도대체 왜 나에게 강의를 하지 말라고 했을까?'

시간이 어느 정도 지나 그 말이 소중한 가르침이 되어 돌아왔습니다. 무언가를 배우고 난 뒤 떠들거나 이야기하거나 강의를 하는 행동은 에너지를 소모하게 합니다. 말할 때는 생각보다 큰 에너지가 필요합니다. 그런데 에너지 소비를 많이 할수록 그만큼 에너지를 채울 수 있는 시간은 줄어듭니다. 물론 강의를 하면 할수록 강의 실력도 늘고, 수입도 늘어나겠죠. 그러나 인생을 긴 마라톤이라고 생각했을 때 에너지 소비를 많이 하는 오프라인 강의는 오히려 독이 될 수 있습니다.

저는 강의를 자주 하지 않습니다. 아무리 돈을 많이 준다고 해도 강의는 늘 정해놓은 시간만큼만 합니다. 강의는 분명 매력적인 일이지만, 지나치면 독이 된다는 걸 인지하고 있기 때문이죠. 이렇게 침묵의 순간은 저의 핵심 역량이 되었습니다. 새로운 지식이나 첨단 기술, 멋진 MBA 경력과 조직을 장악할 수 있는 강한 리더십 같은 것을 핵심 역량으로 생각할 수도 있겠지요. 하지만 방금 나열한 것들은 핵심 역량이 아닙니다. 핵심 역량은 일하는 방식이며, 세상의 모든 지식을 다루는 방식 혹은 사람들과 커뮤니케이션하는 방식입니다. 무언가를 이해하거나 받아들이고 다른 사람에게 정보를 전달하거나 협업하는 방식이죠. 이미 완성된 능력이 아니라, 세상과 사람들 그리고 주변 지식과 조우하는 방식이 여러분의 핵심 역량이 되어야 합니다.

침묵은 스스로 깨우치고 받아들이고 내 것으로 만드는 작업의 핵심입니다. 혼자 생각하는 침묵의 과정이 없다면, 우리는 늘 그저 정보가 스쳐 지나가는 통로 역할만 하게 됩니다. 사람들과 시끄럽게 떠들고 이야기하는 대신 침묵하고 생각하는 시간을 즐기세요. 그리고 중요한 순간에, 그렇게 쌓인 지식을 말로 해보는 겁니다. 분명히 자신이 달라졌다는 걸 느끼게 될 거예요.

자신의
선택 설계자가 될 것

노벨 경제학 상을 수상한 리처드 탈러(Richard Thaler)는 『넛지』에서 선택 설계자 개념을 설명합니다. 선택 설계자는 사람들이 결정을 내리는 배경이 되는 정황이나 맥락을 만드는 사람입니다. 이른바 넛지(강압하지 않고 부드러운 개입으로 사람들이 더 좋은 선택을 할 수 있도록 유도하는 방법)를 가하는 사람이죠. 예를 들어 볼게요. 누군가가 암스테르담 스키폴 국제공항의 남자 화장실 소변기 중앙에 검은색 파리를 그려놓았습니다. 작은 파리를 그려 넣으니 밖으로 튀는 소변의 양이 80퍼센트나 감소하였죠. 멋들어진 문구를 쓰는 것보다 작은 파리 한 마리를 그려 넣는 게 더 효과적이었습니다. 소변기에 파리를 그려 넣자는 아이디어를 낸 사람은 이토록 멋진 변화를 이끌어냈습니다.

다른 예로 2001년 브라질 상파울루에 설치된 농구대 쓰레기통이 있습니다. 쓰레기통 상단에 농구대처럼 백보드를 붙였더니, 사람들은 쓰레기통을 향해 농구를 하듯 쓰레기를 던져 집어넣었습니다. 덕분에 한 달 만에 무단투기가 70퍼센트나 감소했죠.

또 피아노 건반처럼 만들어진 지하철역 계단을 본 적이 있을 겁니다. 계단을 밟을 때마다 소리가 나는데, 이 계단이 생긴 후 에스컬레이터보다 계단을 이용하는 사람이 60퍼센트나 증가했습니다.

이렇게 다른 사람에게 영향을 미치는 아이디어를 내는 이가 선택 설계자입니다. 선택 설계자에게 중립적인 설계란 존재하지 않습니다. 아무리 사소하고 작은 요소도 사람의 행동 방식에 큰 영향을 끼칠 수 있죠. 어떤 질문을 던지느냐에 따라 설문조사의 결과가 다르게 나오기도 합니다.

우리는 자신의 선택 설계자가 되어야 합니다. 중립적인

입장을 취하지 말고, 좋은 결과를 이끌고 올바른 행동을 하게 하는 선택지를 자기 자신에게 제시할 줄 알아야 한다는 거죠. 즉 스스로 생각할 수 있는 환경을 만들고, 자기 자신을 생각하는 길로 자연스럽게 안내할 수 있어야 합니다.

이 과정은 결코 쉽지 않습니다. 나쁜 습관을 끊어버리겠다고 스스로 다짐하고는 자기도 모르게 이를 어긴 경험이 누구나 있죠. 약속할 때의 나와 미래의 나는 다른 사람입니다. 미래의 나는 그럴듯한 핑계를 대며 나쁜 습관을 다시 불러들일 수 있습니다. 그렇기에 신중하고 또 신중해야 합니다. 새로운 지식을 접했을 때는 근거를 찾아보고, 왜 그 지식이 필요한지, 반대 의견은 없는지 따져봐야 합니다. '왜?'라는 질문을 스스로 던져야 합니다. 무조건 받아들이지 말고, 직접 생각해보고 확신을 얻는 과정이 필요합니다.

예를 들어 내일 프로젝트 계획을 발표하는 자리가 있다고 해봅시다. 우선, 이 프로젝트의 목적이 무엇인지 정리해야겠죠. 목적을 정했으면 이에 따른 계획 1, 2, 3을 정리합니다. 그중 내가 실행하려고 하는 계획 하나를 정해 좀 더 촘촘하게 정리합니다. 왜 이런 계획을 세웠는지 이유를 적는 것이죠.

반대 의견이 나올 것을 대비해 반대 의견에 대한 나름

의 답변도 정리합니다. 마지막으로 이 모든 것을 알아듣기 쉽도록 쉬운 언어로 바꾸는 작업을 거칩니다. 시간이 오래 걸리겠지만, 발표를 성공적으로 마치기 위한, 좋은 결과를 이끌기 위한 행동 지침입니다. 자신의 선택 설계자가 되는 과정이죠.

흔히 가장 빨리 배우는 방법은 누군가를 가르치는 것이라고 합니다. 생각해보세요. 가르치기 위해서는 말을 해야 하고, 상대방을 잘 가르치려면 어려운 내용도 알아듣기 쉽게 말해야 합니다. 즉 누군가에게 말을 하려면 스스로 정리하고 생각하는 과정을 반드시 거칠 수밖에 없고, 그러니 지식도 더 효과적으로 습득하게 됩니다. 여러분 모두 선택 설계자가 되어 우리 삶에 넛지를 가할 수 있기를 바랍니다.

두뇌를
리셋할 것

사람들이 어려운 이야기일수록 말하기 두려워하는 이유가 있습니다. 바로 생각을 정리하는 방법을 모르기 때문이죠. 생각이 정리되지 않으면 방향성이 없고, 불필요한 두려움을 만들어냅니다. 기억하세요. 말하기에 있어 더 중요한 것은 말하는 순간이 아니라 말하기 전 준비 과정입니다. 그래서 최적의 준비 방법 몇 가지를 소개하려고 합니다. 그중 첫 번째로 소개할 방법이 바로 두뇌 리셋입니다.

일상 속에서 휴식이 필요하다고 느끼는 순간, 우리는 이런 농담을 하곤 합니다.

"머리가 잘 안 돌아가니 부팅을 다시 하든가, 메모리를 초기화해야겠다."

오랜 시간 동안 집중했거나 주변에서 일어나는 수많은 사건과 오가는 말, 고민 등으로 인해 뇌의 리셋이 필요하다고 느끼는 순간입니다. 일단 뇌가 피로를 느끼면 이유 없이 짜증이 나고 만사가 귀찮아집니다. 감정적으로 건강하지 않은 상태가 되죠. 이런 상황에서 집중하고 생각하는 건 거의 불가능에 가깝습니다. 쉬어야 합니다. 그렇다면 어떻게 쉬어야 할까요?

자야 합니다. 자야만 지친 몸과 마음을 다스릴 수 있는 건강한 상태가 됩니다. 컴퓨터가 원인 모를 버그를 일으킬 때, 우리는 컴퓨터를 잠시 껐다가 켭니다. 뇌를 다시 리셋하는 일은 이와 다를 바가 없습니다.

언젠가 아주 어려운 책을 읽은 적이 있습니다. 머리가 아픈 건 고사하고, 책의 내용도 잘 이해가 가지 않았습니다. 저자가 무슨 이야기를 하고 있는지 도통 알 수가 없었죠. 책을 본 건 맞고, 모든 내용을 노트에 옮겨 적었으나 머릿속으로는 정리가 안 되는 느낌이었습니다. 그때 제가 할 수 있는 유일한 선택은 그냥 자는 것이었습니다. 자고 일어나면 이해가 가지 않을까 하는 생각을 하면서요. 저는 읽은 책을 바로 덮고 잠을 잤습니다.

잠에서 깬 다음 날 아침, 저는 신기한 경험을 했습니다. 하루 전 보았던 책 속의 내용이 깨끗하게 정리되어 있었던 것이죠. 뇌과학자는 우리가 잠자는 동안 뇌가 입력된 정보를 정리한다고 말합니다. 물론 뇌가 정보를 정리하는 방법은 아직까지 제대로 밝혀지지 않았습니다. 분명한 것은 뇌가 입력된 정보를 정리하는 작업을 하고, 그 작업은 우리가 잠을 자는 사이에 실행된다는 사실이죠.

집중을 요하는 일을 많이 하다 보니, 어떤 환경에서 집중이 잘되는지 경험할 기회가 많습니다. 예컨대 뇌를 리셋하고 난 아침에는 상쾌한 기분으로 많은 일에 집중할 수 있습니다. 그런데 만약 잠에서 깨자마자 인터넷 검색을 하거나 자극적인 동영상을 보면 그날은 온종일 그 어떤 것에도 집중하기 힘듭니다. 집중력이 분산되고 흐트러졌기 때문이죠. 그래서 중요한 일이나 어려운 자리에서의 발표 혹은 스피치가 잡힌 날에는 아침부터 우리에게 들어오는 모든 정보를 통제하는 것이 좋습니다.

뇌는 우리 생각보다 훨씬 민감합니다. 수많은 정보와

미디어에서 쏟아지는 정보를 견뎌내고 있으나, 사실 이런 환경은 뇌에 부담을 줍니다. 현대인이 하루에 접하는 정보는 과거 인류가 접했던 정보 1년치와 비슷하다는 통계도 있을 정도로, 오늘날 뇌는 과부하에 걸린 상태입니다. 따라서 우리는 뇌를 잘 돌봐주어야 합니다.

아직은 정확하게 밝혀지지 않았으나 뇌가 생각하고 말하고 글을 쓰는 과정에서 가장 중요한 역할을 담당하고 있다는 것은 분명한 사실입니다. 따라서 뇌가 어떤 환경을 좋아하는지, 무엇을 선호하는지, 어떻게 관리해야 하는지를 알아야 합니다. 그래서 잠시 뇌가 가진 미지의 영역에 대해 자세하게 언급해보겠습니다.

인간은 보통 이성을 신뢰합니다. 중요한 일을 판단할 때 '뭔지는 모르겠는데, 이건 아니다.'라는 느낌을 무시하고 자신의 이성과 합리적인 근거를 제시해 자신을 설득하려고 합니다. 확증편향이 일어나는 순간이죠. 우리가 이성에 의지하려 하는 건 그 어떤 상황에서도 이성은 방어하기 쉽기 때문입니다. 즉, 누군가가 왜 이런 결정을 내렸냐고 물으면 결과를 분석하고 변호할 수도 있습니다. 하지만 무의식에서 일어나는 일은 증명할 수도 없고, 설명하기도 힘듭니다. 뇌과학에서도 이 부분은 아직 미지의 영역으로 남아 있습니다.

우리가 이성을 이렇게 신뢰하게 된 데는 이유가 있습니다. 이성의 지배를 받는 인간에 관한 이야기는 아테네에서 시작되었습니다. 호메로스(Homeros)의 「일리아스」와 「오디세이아」에 등장하는 주인공들은 스스로 행동하지 않고 신이 시키는 대로 행동했습니다. 자기 뜻대로 움직이는 것이 옳지 않다고 믿었거나 자신의 의지를 그렇게 중요하게 생각하지 않았던 것이죠.

상상하기 힘들지만 이런 생각은 소크라테스(Socrates)와 아리스토텔레스에게서도 나타납니다. 특히 아리스토텔레스는 감정은 원시적이고 우둔하며 야만적이고 신뢰할 수 없다고 주장했습니다. 그 후 로마의 스토아학파 철학자 세네카(Seneca)는 열정을 악성 종기라고 불렀으며 "이성이 모든 생활 방식을 결정하는 사람이야말로 행복한 사람이다."라고 했습니다. 그 후 프리드리히 니체(Friedrich Nietzsche)가 나타나기 전까지 서양철학은 인간의 감정을 이성보다 열등한 것으로 취급했지요.

인간에게 이성이 필요했던 이유는 우리가 다루는 주제, 즉 언어와 연관이 깊습니다. 인간이 언어를 왜 발명했는가를 들여다보면 인간에게 이성이 필요했던 이유를 알 수 있습니다. 인간은 내면의 욕구를 정교하게 표현하려고 언어를 만든 것이 아닙니다. 복잡한 세상의 규칙을 만들고 노동 분업을 통해 역할을 나누려고 상징적이고 추상적인 언어가 필요했던 것이죠. 이것은 인간이 사회적 동물이라는 개념과 그대로 맞아떨어집니다. 언어를 통해 부모로부터 배우는 규칙의 대부분은 사회와 융합할 수 있는 인간이 되기 위한 것이었죠. 즉 인간의 욕구를 억누르는 것이 언어의 목적이었습니다.

물론 이성의 장점이 없는 것은 아닙니다. 인간의 뇌는 초당 1100만 비트가 넘는 정보를 처리하는데 이성적으로 독서할 때는 초당 40비트, 계산할 때는 초당 12비트의 정보를 처리합니다. 이때 속도 정확도 교환 법칙(반응 시간이 짧을수록 정확도가 떨어지고, 반응 시간이 길수록 정확도가 높아짐)에 따라 정보 처리 속도가 느린 만큼 정확도가 높습니다.

결론적으로 뇌에는 우리가 모르는 능력이 있습니다. 실제로 우리 자아는 이성, 오성, 감정, 직관, 무의식 등으로 이루어진 복합체입니다. 오늘날 뇌과학은 이성 말고도 오성, 감정, 직관, 무의식이 자아에 작용하고 있다는 것을 밝혀냈습니다.

사실 1980년대만 해도 뇌과학자와 심리학자가 생각하는 자아는 이성과 관련한 것에 한정되었습니다. 그 딩시 대부분의 학자는 두뇌를 컴퓨터라고 생각했죠. 인간에게 논리적인 훈련이 가혹하게 집중된 것도 이때부터였습니다. 두뇌를 컴퓨터에 비유하면서 우리는 이성적 자아상을 더욱 키웠습니다.

하지만 1980년대와 1990년대를 지나면서 뇌를 직접 볼 수 있는 장치가 개발되었습니다. 자기공명 영상장치(이하 MRI) 같은 두뇌 스캐너를 이용해 인간의 두뇌가 작업하는 광경을 밀리미터 단위로 정밀하게 볼 수 있게 됐죠. 그 결과 학자들이 오랫동안 주장했던 것과는 전혀 다른 사실이 밝혀졌습니다. 놀랍게도 모든 생각, 모든 인식, 모든 기억은 실질적으로 감정을 동반했습니다. 1990년대부터 심리학자들은 이성의 오류를 찾아내기 시작했습니다. 이성을 신뢰하는 것보다 마음의 소리에 귀 기울이는 것이 판단에 더 도움이 된다는 것이 속속 밝혀지고 있어요.

이제 뇌를 리셋해야 하는 이유를 좀 더 자세히 알게 되었나요? 앞서 말했듯 뇌가 피로를 느끼면 이유 없이 짜증이 나거나 무기력해집니다. 감정적인 영향을 많이 받기에 우리는 적절한 순간에 뇌를 리셋해야 합니다.

멀티태스킹
하지 말 것

1800년대 후반 산업혁명 당시 노동자들은 타임리코더에 출퇴근 시간을 찍어야 했습니다. 기계 기술자였던 프레더릭 테일러는 기계 다루는 자신의 솜씨를 사람에게 적용하여 과학적 경영 관리법이라는 새로운 영역을 개발했습니다. 그는 조수들과 함께 스톱워치와 클립보드를 들고 회사 곳곳을 다니며 작업 과정 각 부분의 효율성을 시간으로 측정했죠. 그 뒤로 오랫동안 사람은 시간의 흐름에 따라 움직여야 하고, 생산성 편리를 위해 시간을 통제해야 하는 환경에서 살았습니다.

우리는 원체 시간을 통제하지 못합니다. 그런데 세월이 흐를수록 할 일은 점점 더 많아져, 일의 효율을 높이려면 멀티태스킹을 할 수밖에 없게 되었죠. 기술이 발달하면서 멀티태스킹을 하기 좋은 환경이 만들어졌습니다. 하고 싶은 일과 해야만 하는 일이 동시에 있을 경우, 우리는 보통 두 가지를 같이 합니다. 운동을 하면서 음악을 듣고, 식사를 하면서 드라마를 보는 등 하나의 일을 하면서 다른 일을 하곤 하죠.

겉으로만 보면 멀티태스킹은 일의 효율을 높여주는 긍정적인 행위입니다. 하지만 실제 연구 결과를 보면 멀티태스킹은 주의를 분산 시켜 오히려 효율성을 떨어뜨립니다. 캘리포니아대학교 어바인 캠퍼스의 글로리아 마크(Gloria Mark) 박사에 따르면, 일단 주의가 다른 곳으로 쏠리면 원래 하던 작업으로 돌아가는 데 최대 23분이 걸린다고 합니다.

스탠퍼드대학교의 아이얼 오퍼(Ieal Offer) 교수가 최근 수행한 연구에서는, 습관적으로 멀티태스킹을 하는 헤비 멀티태스커는 쓸데없는 정보에 쉽게 눈을 돌릴 뿐 아니라 옆길로 샌 뒤 원래 하던 작업으로 돌아오는 데도 보통 사람보다 현저히 느린 것으로 밝혀졌습니다.

즉 생물학적으로 볼 때 멀티태스킹은 일의 효율을 오히려 떨어뜨립니다. 멀티태스킹은 삶을 지탱하고 세상과 조화를 이루게 하는 리듬을 무시하는 행위입니다. 현대에 들어 우울증, 자살, 생산력 저하, 사회적 병폐가 더 빈번하게 생기는 이유이기도 합니다.

우리는 하나의 일에 집중해 그 일을 완료한 후에 다른 일에 집중하는 연습을 해야 합니다. 식사하기, 운동하기, 텔레비전 시청하기, 일하기, 책 읽기, 라디오 듣기, 심지어 노는 것도요. 하지만 어려운 주제도 쉽게 풀어 이야기할 수 있는 멋진 존재가 되고 싶다면 그만한 노력을 해야 합니다. 정보를 해석하고 분석하는 집중력, 맥락을 읽어낼 수 있는 통찰력, 맥락을 내 것으로 만드는 능력이 필요합니다. 이를 모두 해내려면 뇌를 가장 단순하게 만들어야 합니다. 이것이 멀티태스킹을 멀리해야 하는 이유입니다.

멀티태스킹을 하지 마세요. 물론 시간을 효율적으로 못 쓰는 것 같다는 느낌이 들지도 모릅니다. 멀티태스킹을 하면 여러 일을 한꺼번에 처리하는 데서 오는 짜릿함이 있습니다. 하지만 그 짜릿함을 버려야 진정한 집중력이 찾아옵니다. 말하기는 집중력에서 시작된다는 걸 잊지 마세요.

소셜 미디어를
끊을 것

지금부터는
일상에서 가장 실천하기 어려운 제안을 하나 하려고 합니다. 저는 사람을 만날 때마다, 그리고 방송 및 강의를 할 때마다 매번 소셜 미디어를 끊으라고 제안합니다. 물론 소셜 미디어에 나쁜 점만 있어서 그러는 건 아닙니다.

기술은 절대 나쁜 게 아닙니다. 빠르게 변하는 세상 속에서 새로운 기술을 배우는 행위는 어찌 보면 필수죠. 하지만 소셜 미디어는 다른 기술과 조금 다른 면이 있습니다. 페이스북, 인스타그램 등으로 대표되는 소셜 미디어는 오로지 인간의 집중력과 시간을 에너지로 삼거든요. 우리가 시간과 집중력을 투자하지 않으면 해당 플랫폼은 생동감을 금방 잃어버릴 것입니다.

소셜 미디어는 사람과 사람을 이어주는 역할을 합니다. 전 세계를 연결하기 때문에 적은 시간을 투자해 큰 효과를 만들어낼 수 있죠. 페이스북 가입자가 20억 명에 이른다고 하니, 전 세계 70억 인구 중 도시 지역에서 사회 활동을 하는 사람 대부분이 가입되어 있다고 보면 됩니다.

하지만 소셜 미디어는 집중력 도둑이자 시간 도둑입니다. 정작 중요한 일에 방해가 되곤 하죠. 부정적인 효과가 있다 하더라도 긍정적인 효과가 이를 상쇄할 수 있다면 소셜 미디어를 계속 사용해도 좋겠죠. 물론 소셜 미디어의 긍정적인 부분을 강조한 사람도 있습니다. 리드 호프먼(Reid Hoffman)은 『연결하는 인간』에서 소셜 미디어에서 이루어지는 네트워킹을 강조하며 느슨한 연대가 갖는 긍정적인 면을 이야기합니다. 물론 그가 링크드인의 설립자라는 것을 아는 순간 이 주장의 신뢰도가 떨어지긴 하지만요.

한편 컴퓨터공학자 칼 뉴포트가 쓴 『딥 워크』는 소셜 미디어의 부정적인 측면을 이야기합니다. 그에 따르면 소셜 미디어는 창의력을 키워주지만, 그것이 개인의 생산성 저하를 상쇄할 만큼 우월하지는 않습니다.

또 옥스퍼드대학교 진화인류학과 교수 로빈 던바(Robin Dunbar)는 오랜 연구를 통해 인간이 맺을 수 있는 인간관계는 150명 정도에 불과하다는 결론을 내렸습니다. 그는 인간이 친밀감을 느끼고 연락할 수 있는 사람은 1년에 약 150명이며, 그 이상의 네트워크를 감당할 수는 없다고 했습니다. 이를 일컬어 던바의 수라고 합니다.

사회학자들은 집단의 규모가 200명을 넘으면 무단결근과 병가의 양이 불균형해져 문제가 생긴다는 사실을 밝혀내기도 했습니다. 군사 전문가들 역시 경험을 바탕으로 법칙을 찾아냈지요. 예를 들어 최신식 군대의 가장 작은 독립 단위는 대략 130~150명으로 구성됩니다. 30~40명가량의 군인으로 이루어진 전투 소대 세 개와 각 소대의 지휘관, 몇몇 지원부대를 포함한 인원이죠. 로마 공화국 시대의 로마군 기본 전투 단위도 약 130명으로 이와 비슷한 규모였습니다.

서식스대학교 교육학과 교수 토니 베허(Tony Behar)는 과학과 인문학을 배우는 열두 개 학과를 대상으로 실시한 조사에서, 교수 한 명이 관리할 수 있는 연구자 수가

100~200명이라는 사실을 알아냈습니다. 한 학과의 규모가 이보다 커지면 둘 혹은 그 이상의 학과로 나뉘는 경향이 있었습니다.

만약 당신의 페친(페이스북 친구)이 1000명 혹은 5000명에 이른다 해도 그 숫자는 단지 페친에 불과할 뿐, 당신의 인맥이 아닙니다. 그러니 페친 수에 너무 집착하지 마세요. 그리고 웬만하면 소셜 미디어 자체를 하지 마세요. 소셜 미디어를 하면 그 어떤 생각도 집중해서 할 수가 없습니다. 우리는 이를 전혀 알아차리지 못한 채 하루하루를 생각 없이 보내고 있는지도 모릅니다.

생각하기 좋은
시간과 장소를 찾을 것

우리는 바쁩니다. 잠자는 시간을 제외하면 거의 모든 순간에 수많은 정보를 머릿속에 쏟아부어야 하고, 이를 다시 소화한 뒤 다시 뱉어내야 합니다. 하루 삼시 세끼 챙겨 먹는 것처럼 매 순간 정보를 먹고 있죠. 그렇게 쉴 틈 없이 하루를 보내고 1년을 보내고 시간은 계속 흐릅니다. 그 속에 생각할 시간은 거의 없습니다.

그런데 어려운 이야기를 잘 전달하기 위해서는 깊이 생

각할 시간이 있어야 합니다. 생각하는 시간이 길수록, 몰입하는 깊이가 깊을수록 말 잘하는 사람으로 인정받을 확률이 높아지죠. 깊이 있는 생각에서 비롯된 말은 상대방의 마음을 움직이는 힘을 갖습니다. 이야기를 듣는 사람은 말하는 이가 말만 번지르르한 사람인지 아닌지 금세 알아차릴 수 있죠. 그 어떤 말하기 기술로도 포장할 수 없는 부분이 있거든요.

말로 사람의 마음을 움직이려면 하루 중 생각하는 시간을 반드시 확보해야 합니다. 이때 생각하는 일을 어렵게 여기지 마세요. 제가 실행하고 있는 몇 가지 원칙을 여러분에게 공개하겠습니다.

첫째, 생각은 혼자서 해야 합니다. 우리는 혼자 있는 것을 잘 견디지 못합니다. 그동안 소셜 미디어로 인해 항상 누군가와 연결되어 있다는 느낌을 받았다면 혼자라는 느낌을 더더욱 견디기 힘들겠죠. 그러나 혼자 있어야 깊이 생각할 수 있습니다.

둘째, 생각할 시간과 장소를 특정하는 게 좋습니다. 출근 전 카페에서 커피 한 잔의 여유를 즐기는 것도 좋고, 운동 전후에 시간을 내보는 것도 좋습니다. 저는 아침 시간에 카페에서 항상 생각하는 시간을 갖습니다. 이 시간은 다들 출근하기 전이라 누군가에게 방해받을 가능성이 적습니다.

물론 이 시간을 매일 확보하기 위해 포기하는 것도 많죠. 예컨대 한 달에 두 번 정도는 리더 및 CEO가 참석하는 조찬 모임이 있는데, 생각하는 시간을 갖기 위해 매번 빠집니다.

셋째, 생각하는 도중에는 스마트폰을 사용하지 않습니다. 보통 카페에 혼자 오면 스마트폰을 마주하고 작은 화면으로 무언가를 하는 경우가 많습니다. 하지만 깊이 생각하는 데 스마트폰은 전혀 도움이 되지 않습니다. 만약 무언가를 검색해야 한다면, 생각을 다 끝내고 검색하는 것을 추천합니다. 검색은 다음 검색으로 꼬리에 꼬리를 물고 이어져, 이윽고 생각을 방해하고 마니까요.

넷째, 생각하는 시간을 규칙적으로 가져서 일상의 주요한 루틴으로 만들어야 합니다. 숨을 쉬고 에너지를 섭취하듯, 우리 뇌에는 쉬는 시간과 정리할 시간이 필요합니다. 생각하는 습관이 몸에 배면 많은 것을 이룰 수 있습니다. 모든 일에서 깊이를 느낄 수 있게 되죠.

특정 주제에 대해 정리하고, 맥락을 파악해보고, 생각하는 과정을 거치면 비로소 내 것이 됩니다. 그 경지에 이르면 30분 동안 이야기를 하든, 30초 동안 엘리베이터 안에서 보고를 하든 어떤 상황에서도 여러분은 핵심을 잘 짚어 이야기할 수 있게 됩니다.

단순하게
살 것

"식사하셨습니까?" 저는 여러분에게 이 질문을 하면서 이 장을 마무리하려고 합니다. 오늘 아침으로 무얼 먹었나요? 점심시간에는 누구와 어떤 식사를 했나요? 아직 식사 전이라면 어떤 것을 먹고 싶나요? 주로 선택하는 식사 메뉴나 반찬은 무엇인가요?

매일 두세 번씩 끼니를 먹을 때마다 우리는 수많은 질문을 던지고 답을 찾습니다. 식사 외에도 우리가 일상 속에서 선택해야 할 일은 참 많죠. 식사가 아닌 다른 것으로 질문해보겠습니다. 여러분이 정장 한 벌을 구매하려 합니다. 선호하는 양복 브랜드가 있다면 그 브랜드 매장에 가면 되겠지만, 특별히 선호하는 브랜드가 없다면요? 아웃렛 매장을 돌아보거나 백화점에서 한참 쇼핑을 해야 할지 모릅니다. 그렇게 해서 마음에 드는 옷을 찾으면 다행이지만, 한 시간이 지나도 고르지 못하면 무척 당황스럽겠죠. 쇼핑을 즐기는 사람도 있지만, 대부분의 사람은 옷을 고르다가 지치고 맙니다.

이렇게 식사 메뉴와 옷을 고르는 것만 해도 수많은 질문과 답이 나옵니다. 이것 말고도 우리가 선택해야 할 것은 매우 많죠. 여러 선택을 하다 보면 정작 해야 할 생각은 하기도 전에 지쳐버리고 맙니다.

이쯤에서 저는 여러분에게 단순하게 살라는 제안을 하려 합니다. 복잡하고 빠르게 변하는 세상에 적응하고 창의적 결과물을 만들어내려면 아주 단순한 삶을 살아야 합니다. 그리고 저는 이런 삶의 형태를 무척 즐깁니다.

많은 사람에게 존경받았던 법정 스님도 단순하게 살았습니다. 특히 공양을 간소하게 먹는 것으로 유명했죠. 주로 아침에는 누룽지나 떡국, 점심에는 밥, 저녁에는 국수를 먹었습니다. 반찬이 세 가지 이상이면 제자를 혼냈다고 하는데, 제자들에게도 늘 "반찬 많이 하지 마라. 정신만 혼란해진다."라고 이야기했다고 합니다. 법정 스님의 책 『오두막 편지』에는 다음과 같이 적혀 있습니다.

"입안에는 말이 적고, 마음에는 일이 적고, 뱃속에는 밥이 적어야 한다. 이 세 가지 적은 것이 있으면 성자도 될 수 있다."

저도 아침 메뉴가 항상 똑같습니다. 그래야만 무엇을 먹어야 할지, 어떤 것을 먹어야 할지 고민하는 시간이 줄어듭니다. 아침 식사뿐만이 아닙니다. 매일 똑같은 양복에 똑같은 드레스 셔츠를 입습니다. 셔츠는 맞춰 입는데, 한번 맞출 때 다섯 벌을 주문합니다. 월, 화, 수, 목, 금 매일같이 입어야 하기 때문이죠. 양복은 사계절용입니다. 이 한 벌만 있으면 1년 내내 고민 없이 옷을 입고 출근할 수 있습니다. 그러니까 저는 아침에 일어나 오늘은 무엇을 입어야 할지 고민하지 않습니다.

제가 살아가는 방식을 신기하게 바라보는 사람도 적지 않습니다. 언제나 똑같은 옷을 입으니 그럴 만도 하죠. 마치 교복을 입고 다니는 것 같다고 하는 사람도 있습니다.

단순하게 사는 것은 우리의 평범한 일상에 생각보다 큰

영향을 미칩니다. 고민해야 할 일을 최대한 줄일 수 있기 때문에 어떤 문제가 생기면 집중해서 고민할 수 있는 여유가 생깁니다. 그러니 필요한 일은 충분히 고민하고, 나머지는 일상의 규칙에 맡겨버리는 게 좋습니다.

단순하게 사는 것은 생각을 방해하는 요인을 차단하는 삶의 방식입니다. 내부와 외부의 자극을 모두 차단하는 것이죠. 뇌과학자들에 의하면 우리 뇌는 원체 집중을 못하도록 만들어졌다고 합니다. 늘 더 자극적인 걸 찾지요. 쏟아지는 문자 메시지와 이메일, 애플리케이션의 푸시 알림과 소셜 미디어는 산만하게 살고 싶은 뇌를 한층 더 자극합니다. 덕분에 눈앞의 일에 집중하지 못하고 생각이 정처 없이 떠도는 상태가 되어버리고, 문제뿐만 아니라 나 자신에게도 집중하지 못하는 상태가 됩니다.

아무도 방해하지 못 하는 시간을 확보하려면 외부 자극과 내면의 갈등에서 벗어나야 합니다. 독일의 심리학자 카를 푀펠(Charles Pöppel)은 누구나 최소 하루 한 시간 이상은 어떤 것에도 방해받지 않아야 한다고 주장했습니다. 그러면 상상을 초월하는 업무 능력을 발휘할 수 있다면서요.

그러니 아무리 사소한 것이라도 본인이 좋아하는 규칙을 정해두고 그 방법에 맞추는 것이 좋습니다. 해야 할 일의 목록을 작성하는 것도 도움이 됩니다.

마지막으로 이런저런 생각이 많을 때, 생각을 단순화하고 집중할 수 있는 방법이 있습니다. 바로 머릿속으로 뺄셈을 해보는 겁니다. 암산으로 100에서 계속 7을 빼보세요. 100, 93, 86, 79, 72, 65…… 이런 식으로요. 이것은 대니얼 골먼(Daniel Goleman)이 주장한 간단한 집중력 훈련법입니다. 별것 아닌 것 같지만 주의력을 강화해주고, 내면의 훼방꾼을 없애는 데 아주 탁월한 효과가 있습니다.

핵심만 콕 짚어 단순하게 말하는 법 4

때로는
외계인처럼 행동하기

저는 생각을 참 많이 합니다. 일하면서 혹은 운동을 하면서 생각을 하는 게 아니라 시간을 정해두고 생각만 합니다. 생각을 할 때는 종이와 펜을 앞에 두거나, 먼 곳을 바라봅니다.

제 지인 중 하나는 생각하는 저를 보며 외계인이라고 부릅니다. 마치 외계인과 통신하고 있는 것 같다면서요. 저는 어느새 별명이 되어버린 외계인이라는 호칭이 싫지 않습니다. 나를 '생각하는 사람'이라고 불러주는 것 같거든요. 대부분의 사람이 생각하지 않는 사회이기에, 생각하고 있는 제 모습이 외계인처럼 보였을지도 모릅니다.

즉, 제 별명은 많은 사람이 생각하지 않는다는 걸 보여줍니다. 리처드 왓슨(Richard Watson)은 이렇게 이야기합니다.

강박적일 정도로 자기 몰두에 빠진 이 사람들이 생각이란 것을 하고 있었을까? 자신의 피부를 지그시 누르는 시간을 느꼈을까? 적어도 내가 보기에는 그렇지 않았다. 그들은 아무 의미 없는 파워포인트 발표 자료를 만들고, 페이스북과 트위터에 함몰되고, 스냅챗과 인스타그램 친구에게 자신 앞에 놓인 커다란 비스킷만 달랑 찍은 사진을 보내고 있었다. 대부분 받아들이는 것보다 내보내는 것에 몰두하면서 지성인이 자 저자인 크리스토퍼 래시가 말한 '시간을 뛰어넘는 자기 집중'에 빠져 있는 것처럼 보였다.

– 리처드 왓슨, 『인공지능 시대가 두려운 사람들에게』

디지털과 모바일이 일상생활을 점거한 뒤로 우리는 생각하는 데 시간을 할애하지 않습니다. 왜 전 세계 사람들이 좀비 영화에 열광할까요? 생각하지 않고 오로지 목표를 향해 끊임없이 달려드는 좀비의 모습이 우리와 닮았기 때문이라고 생각합니다.

마거릿 애트우드(Margaret Atwood)는 "좀비는 과거가 없고, 미래가 없고, 뇌가 없고, 고통도 없다."라고 말합니다. 어쩌면 좀비의 그런 특성에 우리가 끌리고 있는 것은 아닐까요?

저는 여러분이 일상에서 생각을 많이 할 수 있기를 바랍니다. 어떤 대상을 어떻게 생각하는지는 중요하지 않습니다. 우선 생각하는 습관을 기르는 것이 중요합니다.

그렇게 하다 보면 중요한 의사 결정을 할 때 어느새 골똘히 생각하는 자신을 발견할 수 있습니다. 이런 과정은 한 번에 이루어지지는 않겠지만, 시간을 두고 노력한다면 여러분도 '생각하는 외계인'이 될 수 있을 거예요.

5장

:

종이에 직접 쓰면
달라지는 것들

위대한 일은 힘이 아닌, 끈기로 이루는 것이다.

- 새뮤얼 존슨

노트와 펜을
준비할 것

2018년 국내 모 그룹에서 독후감 테러 사건이 벌어졌습니다. 책 읽기의 중요성을 강조하면서 모든 구성원이 독후감을 써야 한다는 규칙을 만들어 그룹 전체에 공지해버린 것이죠. 아뿔싸! 이제 그룹 구성원은 매년 다섯 편 이상의 독후감을 작성해야 합니다. 많은 기업이 이미 독후감 쓰기를 시행하고 있으니 특별한 일이 아니라고 생각할 수도 있습니다. 하지만 다른 기업과 다른 점이 있습니다. 바로 원고지에 직접 독후감을 써야 하는 것이죠. 분량은 200자 원고지 20매로 정해졌습니다.

공지가 내려오자마자 사내 게시판은 비난의 목소리로 가득 찼습니다. 사람들은 소리 높여 반대를 외쳤고, 왜 굳이 원고지에 써야 하냐며 강하게 저항했죠. 하지만 회사는 모든 구성원이 원고지에 독후감을 써야 한다고 재차 강조했습니다. 2000명에 이르는 모든 구성원이 매년 다섯 편 이상의 독후감을, 그것도 원고지에 제출하는 기상천외한 일이 벌어졌습니다.

원고지에 글을 쓰는 건 쉬운 일이 아닙니다. A4 용지에 글자 크기 10포인트로 글을 쓴다고 했을 때, 원고지 20매는 A4 용지로 두 장 반이나 되는 분량이죠. 손으로 적는 것도 문제지만, 제출한 독후감을 관리하는 것 또한 쉬운 일이 아닙니다. 받은 원고지를 일일이 타이핑해서 공유하기도 어렵고, 그렇다고 그냥 쌓아두기도 애매하고, 스캔해서 보관하려면 누군가가 그 일을 해야 하니 시간이 배로 들죠. 다시 생각해봐도 이해가 잘 안 가는 상황이긴 합니다.

저는 이 독후감 테러 사건을 보면서 고민에 빠졌습니다. 마음 같아서는 2000명에 이르는 회사 구성원의 손을 들어주고 싶지만, 글을 쓰는 작가로서 그 그룹 CEO의 주장이 틀리지 않았다고 이야기할 수밖에 없거든요. 단언컨대 몇 년이 흐르면 독후감을 쓴 구성원의 말하기와 글쓰기 실력은 모두 향상되어 있을 겁니다. 실력은 눈에 보이지 않을 정도로 천천히 늘기 때문에 당사자는 자기 변화를 잘 알아챌 수 없겠지만요.

종이와 펜으로 무언가를 적어야 한다는 주장에 설득력이 없어 보일지도 모릅니다. 디지털에 적응하지 못한 꼰대가 밀레니얼 세대에게 훈계하는 것으로 비칠 수도 있고요. 아날로그 감성이 중요하다는 말만으로는 누구도 설득할 수 없습니다.

그렇다면 본질적인 질문을 던져보겠습니다. 우리는 무엇을 메모라고 하나요? 우리는 메모를 '칠판에 쓰인 내용을 노트에 옮겨 적는 것' 혹은 '누군가의 말을 요약해 적는 것', 즉 외부 메시지를 받아적는 것쯤으로 생각합니다. 메모 행위를 주로 수동적인 것으로 해석하죠. 하지만 글을 적는 것은 적극적인 활동이어야 합니다. 생각해보세요. 어떤 아이디어가 생각나거나 감정을 정리해야 할 때는 반드시 메모해야 합니다.

철학자 데카르트(Descartes)는 문제를 열거하고 이를 재확인하는 과정이 진리를 추구하는 길이라고 했습니다. 역시 기록을 따라가다 보면 인류가 만든 과학, 수학, 문학은 모두 종이 위에서 생각을 발전시켰다는 걸 발견할 수 있습니다. 생각을 문자로 옮기지 않으면 알아볼 수 없기 때문이죠. 문자는 형체가 없는 생각에 윤곽을 부여합니다. 아리송했던 개념을 문자로 표현하면 선명해지죠. 정확하고 직관적이기 때문에 말보다 힘이 더 강합니다. 그러므로 말하기 전에 글로 써보는 작업은 말에 힘을 보태줍니다. 쓰기 없이는 지금 우리가 누리는 어떤 것도 탄생하지 못했을 겁니다.

앞서 독후감 쓰기를 강조한 그룹 외에도 글쓰기의 중요성을 알고 있는 기업은 많습니다. 『하버드 학생들은 더 이상 인문학을 공부하지 않는다』라는 책에서는 기업이 어떤 사람을 채용할지 고민될 때 작가를 채용하면 후회가 없을 거라고 언급하기도 했죠. 작가는 자기 생각이 명확하기 때문에 쓰고 말하는 능력이 출중해서 일도 당연히 잘 해낼 거라면서요.

『아마존, 세상의 모든 것을 팝니다』에도 쓰기의 힘을 보여주는 일화가 등장합니다. 아마존의 CEO 제프 베조스는 임원 회의를 할 때, 임원에게 회의에서 이야기할 내용을 종이에 직접 적어오라고 합니다. 종이에 적으면 생각이 더 명확해진다는 것을 알고 있기 때문이죠.

미국 최대의 방위산업체 록히드마틴에서도 글을 명확히 쓸 줄 아는 능력이 있어야 임원으로 승진할 수 있습니다. 록히드마틴뿐일까요? 요즘 대기업에서 임원으로 승진한 사람 대부분은 글을 쓸 줄 아는 능력이 있습니다. 세상은 빠르게 디지털로 바뀌고 있으나 인간의 기본적인 능력을 판단하는 기준은 바뀌지 않았다는 증거죠.

그런데도 많은 사람이 글쓰기를 학생의 전유물쯤으로 여깁니다. 노트와 펜을 준비하는 것은 학교생활에서나 필요하고, 사회생활을 할 때는 디지털 기기를 활용해야 효율성이 극대화된다고 생각하죠. 속도가 빠르다는 이유만으로요.

한편 글쓰기를 자주 하지만 실력이 늘지 않는 사람도 있습니다. 바로 내용을 정리하고 맥락을 파악하며 노트에 정리하는 게 아니라, 무조건 받아 적는 글쓰기를 하는 사람이 그렇습니다. 이런 행위는 자기만족을 가져다주지만, 실력은 결코 늘지 않아요.

그렇다면 실력이 향상하는 글쓰기란 어떤 것일까요? 우선 종이와 펜을 준비하고 무작정 적는 것부터 시작합니다. 익숙해지면 그다음에는 좀 더 제대로 적습니다. 처음에는 낙서로 시작할지도 모릅니다. 이것저것 여러 아이디어를 직고 동그라미로 표시하고, 서로 연결히는 작업을 할 수도 있고요.

　중요한 것은 종이와 펜으로 생각하는 훈련입니다. 생각하면서 적으면 글쓰기 실력이 서서히 발전합니다. 시간이 지나면 종이에 단어를 적기 시작할 것이고, 단어와 단어가 연결되면서 문장이 완성됩니다. 그리고 곧 자기 생각을 적을 수 있는 단계에 이릅니다.

아날로그의
힘

국내 최대 온라인 서점 관계자들과 업무 회의를 했던 적이 있습니다. 우리 쪽은 두 명이었고 상대편은 여섯 명이었죠. 흥미로웠던 건 우리는 노트와 펜을 가지고 회의를 진행했으나, 상대편 여섯 명은 전부 노트북을 켜고 회의 시간 내내 타이핑을 하면서 회의를 했다는 점입니다. 아날로그와 디지털이 대립했던 순간이 머릿속에 생생히 떠오릅니다.

저는 디지털 기술을 혐오하는 사람이 아닙니다. 7년 동안 1인 기업을 운영하고 있기 때문에 디지털 기기의 중요성은 누구보다 잘 압니다. 새로운 장비에 투자하는 것은 업무 시간을 줄이면서 업무 능력을 향상하는 가장 좋은 방법입니다. 하지만 무언가를 쓰고 생각하는 과정에서 노트와 펜은 다른 디지털 기기로 대체할 수 없습니다.

물론 타이핑이 좋은 것이냐 손으로 쓰는 글이 좋은 것이냐에 대해서는 여전히 갑론을박이 존재합니다. 2011년 미국 인디애나주에서는 학교 필수 과목에서 필기체 수업을 삭제한 바 있습니다. 학교에서는 미래 인재를 양성한다는 취지로 타이핑 기술을 배우도록 적극 장려하고 있습니다. 6학년부터는 자리에 한 번 앉으면 3쪽 분량의 타이핑을 해낼 수 있어야 한다는 지침도 만들었습니다. 또 유럽의 일부 국가와 인도에서는 타이핑이나 코딩 수업이 필수 과목이 된 지 오래이며, 손으로 글을 쓰는 수업의 형태는 점차 사라져가고 있는 것도 사실입니다.

그러나 직접 손으로 글을 쓰는 훈련이 타이핑 연습보다 훨씬 교육적 효과가 높다는 주장은 심리학계에서 끊임없이 제기되고 있습니다. 네덜란드의 학술출판사 엘제비어가 펴낸 신경과학 및 교육 동향에 관한 2012년 연구 결과를 볼까요? 이 연구에서는 아직 읽고 쓰는 것을 배우지 않은 5세 아이들에게 수기와 타이핑을 각각 배우게 했습니다. 그리고 아이들의 뇌를 MRI로 촬영했습니다. 그 결과 수기를 배우고 사용한 아이들은 글을 읽을 때 사용하는 뇌가 두드러지게 활성화되었습니다. 반면 키보드로 타이핑을 배우고 타이핑으로 필기하는 아이들의 뇌에서는 눈에 띄게 활성화되는 부위가 적었습니다. 이 밖에도 노트북보다 종이와 펜으로 상대방의 말을 받아 적을 때 이해력과 기억력이 높다는 논문 결과도 있습니다.

손으로 쓰는 글의 위력이 이렇게 큰데도 우리는 손으로 무언가를 적는 행위를 거의 하지 않습니다. 한 조사에 의하면 성인이 메모하는 경우는 마트에 가기 전 쇼핑 목록을 작성할 때뿐이라고 합니다. 많은 사람이 디지털 기기에 모든 것을 기록하고 있죠. 하지만 스마트폰이나 컴퓨터를 이용해 타이핑을 많이 할수록 쓰기 능력은 저하되고, 이는 곧 사고력 저하로 이어집니다. 스마트폰을 사용하다 보면, 상대방과의 대화 속도를 따라가기 위해 줄임말, 자동 완성 기능 같은 것을 이용하게 됩니다. 이런 습관은 우리가 명확한 사고 능력을 갖추지 못하도록 합니다. 그렇게 점점 더 생각하지 않는 인간이 되어갑니다.

생각의 발전은 손으로 쓰는 행위에 달려 있습니다. 지

금까지 손으로 쓰는 글에 대한 학문적인 근거를 제시했으니, 이제는 제 이야기를 들려드릴 차례입니다.

메모에 1000시간을 투자하면
어떤 일이 벌어질까?

"말하는 것과 메모하는 것이 도대체 무슨 상관이죠?"

"분초를 다투며 살아야 하는 이 시대에 손으로 글 쓰는 타령이라니요."

"메모는 스마트폰이나 태블릿에 하면 되지 고리타분하게 꼭 종이에 적어야 하나요?"

손으로 적는 글과 메모를 떠올리면 이런 볼멘소리부터 튀어나올 가능성이 높습니다. 하지만 말을 잘하기 위해서는 손으로 글을 써야 합니다. 손으로 글 쓰는 것의 의미를 다시 떠올려볼까요?

두 종류의 사람이 있다고 해봅시다. 한 사람은 말을 잘합니다. 그는 긴장하지도 않고 천연덕스럽게 많은 사람 앞에서 이야기합니다. 그런데 왠지 모르게 믿음직스럽게 느껴지지는 않습니다. 혹시 요란한 빈 수레는 아닐까 하는 의심도 듭니다. 또 다른 한 사람은 말을 잘하는 것 같지만 달변가로 보기에는 부족합니다. 대중 앞에서는 긴장하는 것처럼 보이기도 하고, 어떤 질문에는 모른다고 답변하기도 합니다. 무엇보다 가끔 실수를 합니다. 그런데 그가 말하는 것은 믿을 만합니다. 자기 분야에서 열심히 일하고 있는 사람이기도 하고, 관련 분야의 지식도 꽤 많이 알고 있습니다.

여러분은 둘 중 어떤 사람을 말 잘하는 사람이라고 생각하나요? 저는 후자라고 생각합니다. 그가 조금 부족한 것은 사실이지만, 그는 시간이 지날수록 다른 사람과 소통하는 방법을 더 깨우쳐서 결국 말을 잘하게 될 겁니다. 하지만 전자는 어떤가요? 화려한 말솜씨를 갖고 있지만, 그 말을 통해 누군가를 설득하거나 감동시킬 수는 없습니다. 내용이 충실하지 않으면 머지않아 그 바닥이 드러날 수밖에 없어요.

상대방이 어떤 사람인지, 그들이 무엇을 원하며 어떤 상황에 처해 있는지를 아는 사람만이 말을 잘할 수 있습니다. 유창성까지 겸비하면 더 좋겠지만, 필수는 아닙니다.

기억을 더듬어보면 오래전에는 저도 거침없이 말하지 못했습니다. 아직도 텔레비전 방송 녹화나 라디오 생방송에서 긴장하곤 하지만, 과거의 나와 지금의 나는 분명 다릅니다. 앞서 말한 것처럼 칼 융은 부족한 것을 채워가는 것이 인생이라고 했는데, 저는 부족한 지식을 채워가며 살아왔습니다. 그리고 그 결과 앨빈 토플러(Alvin Toffler)가 우리나라를 방문했을 때 500명이 넘는 청중 앞에서도 당당하게 그와 대담을 나눌 수 있었습니다.

이렇게 되기까지 많은 과정이 있었습니다. 2014년부터 시작한 '이동우의 10분 독서'는 콘텐츠 소재가 책이었기에 동영상에 글자가 많았죠. 그래서 각 화면의 핵심 내용을 직접 읽어주기로 했습니다. 내레이션은 화면과 따로 놀아서도 안 되고, 너무 쉽게 이야기해도, 너무 어렵게 이야기해도 안 되었죠. 너무 어렵게 이야기하면 콘텐츠를 보는 사람이 이해하기 힘드니까요. 적당한 눈높이, 적당한 속도, 그리고 적당한 내용이 포함되어야 했습니다. 무척 까다로웠죠.

동영상을 만들기 시작하면서 여러 번 실패를 거듭한 후

결국 제가 찾아낸 방법은 손으로 글을 쓰는 것이었습니다. 동영상을 만들기 전에 책의 핵심 내용을 정리하고, 그것을 다시 직접 손으로 옮겨 내레이션 원고를 완성했죠. 저는 이 작업을 무려 5년 동안, 그것도 매주 꾸준히 했습니다.

손으로 쓴 내레이션 원고에는 생각보다 엄청난 위력이 있습니다. 일단 내레이션 녹음을 할 때 실수가 적습니다. 정확한 단어와 표현으로 녹음할 수 있습니다. 자기가 손으로 직접 쓴 원고를 읽으면 실수할 일이 없습니다. 다음으로 일상에서 말하기 실력이 늡니다. 손으로 글을 쓴 후 전후를 비교해보니, 저는 완전히 다른 사람이 되었습니다.

글을 쓰면
집중하기 시작한다

저는 주변 사람에게 수도승 같다는 이야기를 참 많이 듣습니다. 매일 똑같은 옷을 입고, 똑같은 메뉴로 아침 식사를 하고, 똑같은 작업을 하니 그렇게 보이나 봅니다. 책을 읽고 정리하고, 정리한 것을 손으로 쓰는 일도 10년 이상 반복적으로 하고 있으니 수도승처럼 보이는 게 전혀 무리는 아니죠.

1장에서 4장에 이르기까지 저는 집중력의 중요성에 대해 계속 강조했습니다. 집중력이 있어야 정리를 하고, 맥락을 파악하고, 생각할 수 있다고 말이죠. 그리고 집중력이 있어야 글을 쓸 수 있습니다. 놀라운 건 글을 쓰다가 집중력이 생기기도 한다는 사실입니다. 저는 이것을 실제로 경험했습니다.

저는 매일 종이에 글을 씁니다. 매주 규칙적으로 글을 쓰며 무언가에 집중하는 연습을 합니다. 내레이션 원고를 종이에 쓰는 작업은 보통 네 시간 이상 걸립니다. 이 작업을 할 때는 잠시도 쉬지 않습니다. 쉬고 나면 흐름이 끊겨 작성한 부분을 처음부터 다시 읽고 그 뒤를 이어 써야 하기 때문이죠. 내레이션 작업을 하면서 그 순간이 마치 성찰의 시간처럼 느껴진 적이 많습니다. 집중하는 시간은 자신을 돌아보고 알고 있던 것을 되새겨보는 시간이 되었습니다.

이렇게 글을 쓰다 보니 글쓰기 행위의 효과를 온몸으로 느낄 수 있었습니다. 우선 글쓰기를 통해 집중력이 강화되어 업무 효율이 높아졌습니다. 종이 위에 무언가를 적으면서 다른 생각을 하기는 힘듭니다. 글을 적을 때는 온전히 글쓰기 행위에 집중하게 됩니다. 그래서 글쓰기 연습을 꾸준히 하면 높은 집중력으로 짧은 시간에 많은 일을 처리할 수 있는 것이죠. 집중하는 사람은 업무가 고돼도 다른 사람보다 스트레스를 적게 받을 확률이 높습니다.

또한, 글을 종이에 적으니 방해 요인이 저절로 차단되었습니다. 글쓰기 행위를 시작하면 방해 요인이 끼어들 틈이 생기지 않거든요. 그러니 자연스럽게 에너지가 충전되었습니다. 저는 때때로 점심을 먹고 작업을 시작하는데, 그러면 저녁 먹을 시간이 되어서야 작업이 끝납니다. 작업을 하면 시간이 어떻게 흘렀는지 모를 때가 많습니다. 몰입하면 시간이 정지된 것처럼 느껴지니까요. 이런 경험은 심리적으로 큰 충족감을 가져다줍니다. 심리학자들은 집중을 잘하는 사람이 내적 안정감이 강하고, 스트레스나 번 아웃 증후군에 잘 빠지지 않는다고 말합니다.

신경학자 리처드 데이비드슨(Richard Davidson)은 주의력과 집중력을 강화할 수 있는 능력이 성공의 가장 중요한 요소라고 주장했습니다. 그리고 『딥 워크』를 쓴 컴퓨터공학자 칼 뉴포트도 성공하기 위해서는 가장 빨리 배울 수 있는 능력, 이른바 딥 워크 능력을 개발해야 하고, 그렇게 하기 위해서는 집중력이 필요하다고 했죠.

하지만 대부분의 사람은 집중력을 기르기 위한 노력을 거의 하지 않습니다. 특히 글쓰기를 귀찮은 작업으로만 여기죠. 인터넷으로 검색만 하면 전 세계 거의 모든 지식과 정보를 손에 넣을 수 있으니, 따로 무언가를 기록할 필요기 없다고 생각합니다. 필요한 것은 오직 상상력과 창의력뿐이고, 검색하면 쏟아져 나오는 지식을 어떻게 응용해 새로운 기술이나 사업으로 구현할지만 생각합니다. 이런 생각은 학교로 직장으로 퍼져나갑니다. 집중력보다 더 중요한 게 많다고 합리화하면서요.

그래서인지 한 연구에 따르면 직장인의 80퍼센트는 일에 제대로 집중하지 못한다고 합니다. 이 이야기는 곧 집중력만 있다면 남보다 우월한 성과를 올릴 수 있다는 소리죠. 흔히 집중력은 특별한 훈련을 해야만 얻을 수 있다고 생각합니다. 집중하지 못하는 것을 선천적인 능력 부족 탓으로 돌리기도 합니다. 하지만 글을 적는 것만으로도 집중력을 높일 수 있습니다. 지금부터 일단 적으세요. 딱 한 줄, 한 단어라도 괜찮습니다.

보여주기 위한
글보다 중요한 것

아침 출근길
에 페이스북과 트위터를 열어보면 이런 질문이 뜹니다.

"무슨 생각을 하고 계신가요?"

"무슨 일이 일어나고 있나요?"

이 질문을 보고 우리는 소셜 미디어에 글을 남깁니다. 내가 얼마나 괜찮은 사람인지, 지금 하는 일이 얼마나 잘되고 있는지를 씁니다. 이렇게 소셜 미디어는 우리가 계속 말하게 합니다. 짧은 글이라도 남기고 나면 이때부터 다른 사람의 반응을 기다립니다. 얼마나 많은 사람이 글을 읽었는지 확인하고, 댓글도 봅니다. 좋은 댓글에는 뿌듯해하고, 악성 댓글에는 고통스러워하죠.

심리학자 데이비드 엘킨드(David Elkind)는 이러한 현상을 상상 속의 청중 효과라고 일컬었습니다. 우리는 세상 모든 사람이 자신을 지켜보고 있다고 믿으며 상상 속의 청중을 의식하며 행동한다는 것이죠. 그래서 우리는 보통 누군가에게 보여주기 위한 글을 씁니다.

생각해보세요. 자신만을 위해 글을 썼던 경험이 한 번이라도 있나요? 누군가의 요청을 받지 않고 스스로 글을 써본 경험은요? 이 질문에 어떤 이는 일기를 떠올릴 수도 있습니다. 사전에서는 일기를 '날마다 그날그날 겪은 일이나 생각, 느낌 따위를 적는 개인의 기록'으로 정의합니다. 그런데 사실 우리는 일기를 써놓고 학교에서 매번 검사를 받았습니다.

저도 어릴 적에 학교에서 매번 일기 검사를 했던 기억이 납니다. 무려 고등학교 때까지 말이죠. 고등학교에 다닐 때는 학교에서 한자 교육을 매우 중요하게 여겼던 터라 일기마다 반드시 다섯 개 이상의 한자 단어를 적어야 했습니다. 덕분에 대학에 진학한 뒤 한자가 많은 책을 남보다 쉽게 읽을 수 있었지만, 일기는 남이 보는 글이라는 인식이 뼛속 깊이 박혀버렸습니다. 저처럼 학교에서 일기 검사를 받아본 경험이 있는 사람이라면, 성인이 되어서 일기를 쓸 때도 누군가가 지켜볼 것만 같을 거예요. 무척이나 개인적인 일기를 쓰면서도 말입니다.

그렇습니다. 우리는 그동안 누군가에게 보여주기 위한 글만 썼습니다. 초중고교에서는 숙제를 제출하기 위해, 대학에서는 리포트를 완성하기 위해, 회사에서는 상사에게 보고하기 위해 글을 썼죠. 한마디로 우리는 여태 다른 사람을 위해 글을 썼던 겁니다.

이제는 나를 위한 글을 써야 합니다. 다시 열어보지 않더라도 스스로 기억에 남을 만한 글을 써야 합니다. 부담은 갖지 마세요. 처음부터 잘하려고 하면 꾸준히 할 수 없습니다. 매년 다이어리 첫 장만 근사하게 꾸며놓고 빈칸으로 남겨두는 것처럼 되어버리면 곤란합니다.

글을 쓰는 행위는 첫째, 자기와의 대화입니다. 그렇기에 대단히 멋질 필요도, 거짓말을 할 필요도 없습니다. 그 시간을 소중히 여기기만 하면 됩니다. 둘째, 생각을 정리하는 행위입니다. 2장과 4장에서는 정리와 생각을 분리해서 이야기했는데, 글을 쓰는 건 종합 행위입니다. 정리하기나 생각하는 훈련이 되어 있지 않더라도 글을 쓰는 순간, 두 가지가 한꺼번에 완성되죠. 아이디어를 정리하고, 생각을 정리하고, 생각을 어떻게 행동에 옮겨야 할지도 알게 됩니다. 말할 때 자꾸 막히는 부분이 있다면 글로 직접 써보세요. 글로 옮겨보면, 어렵게 느껴졌던 부분이 실은 아주 작은 문제였음을 알게 됩니다.

말하기 전에
종이 위에 적을 것

대부분의 사람은 말 잘하는 사람에게 원고나 메모가 필요 없을 거라고 생각합니다. 그들이 보기에 달변가는 대부분 원고 없이도 30분 이상 막힘없이 이야기하거든요. 하지만 그건 겉모습만 보고 잘못 판단한 겁니다. 대다수의 달변가는 강연이나 발표를 위해 수백 번 반복하며 연습합니다. 한 유명 강사는 한 가지 주제로 수백 곳에서 강연을 합니다. 그의 강연은 1분의 오차도 없이 착착 흘러가죠. 청중의 반응을 이끌어내고 기기에 리액션을 하고, 자연스레 구사하는 몸짓과 손동작까지 모두요. 마치 텔레비전 프로그램 재방송을 보는 것처럼 느껴집니다.

저는 말 잘하는 사람에게도 원고나 메모가 필요하다고 생각합니다. 문제는 원고나 메모를 어떻게 활용하느냐입니다. 준비한 원고나 메모가 있다 하더라도, 준비한 자료에 얼굴을 파묻고 청중은 무시한 채 말을 이어가서는 안 됩니다. 자료를 읽으려고 그 자리에 선 것이 아니라 청중과 소통하기 위해 그 자리에 섰기 때문이죠.

원고나 메모는 직접 손으로 쓴 것이라야 합니다. 만약 원고를 작성하고 출력하는 작업을 다른 사람이 대신해준다면 어떨까요? 원고에 얼굴을 파묻고 읽기만 하거나, 원고를 무시하고 그냥 말할지도 모릅니다. 본인이 쓰지 않은 글은 입에 딱 붙지 않고 어색하기 때문에 당연한 일입니다. 그렇다면 직접 타이핑해서 원고를 쓴다면 어떨까요? 막상 현장에서 활용하려면 막막할 것입니다. 손으로 쓰며 생각하는 시간을 거치지 않았기에 자유자재로 활용할 여유가 생기지 않거든요.

만약 청중이 수십 명 이상 된다면 단 3초도 원고를 보는 데 시간을 쓸 수 없습니다. 라디오 생방송이나 텔레비전 생방송에서는 3초 동안 아무 소리가 나지 않으면 방송 사고로 간주한다고 합니다. 라이브로 진행되는 강연과 발표도 마찬가지입니다. 3초까지만 공백을 허용합니다. 공백이 3초가 넘으면 청중은 웅성웅성하기 시작합니다.

그러니 우리는 말하기 전에 적어야 합니다. 지금부터 제가 글을 적을 때 적용하는 원칙 세 가지를 여러분께 공개하겠습니다.

첫째, 열정을 버리세요. 열정은 조직 생활이나 자기계발서에서 늘 강조하는 중요한 부분입니다. 하지만 말하기 전 종이 위에 글을 적을 때는 열정을 버려야 합니다. 열정이 가득하면 차분히 자리에 앉아 종이 위에 글을 써 내려 갈 수 없습니다.

둘째, 자기중심주의를 버리세요. 우선 여러분이 아는 것을 다른 사람도 알 거라는 전제를 버려야 합니다. 누군가에게 이야기를 전할 때 상대방이 아무것도 모른다는 전제로 시작해야 해요. 물론 예외는 있습니다. 같은 조직 구성원이라면, 공유된 사실은 이미 알고 있다는 전제에서 시작해야 합니다.

또 본인이 균형적인 사고를 하고 있다고 자신해서도 안 됩니다. 말하기에 자신감이 붙으면 자신만만해지기 쉽습니다. 말만 하면 사람들의 신뢰를 얻을 수 있다고 착각하게 되죠. 그 자신감이 말을 좀 더 잘할 수 있도록 도와주기도 하지만, 자신감이 지나치면 오만이 고개를 들고, 결국 실수를 하게 됩니다.

셋째, 원고나 메모에 장황한 계획을 쓰지 마세요. 물론 청중이 여러분의 멋진 계획을 듣고 솔깃해할지도 모릅니다. 하지만 우리는 최대한 자연스럽고 편한 상태로 그 자리에 임해야 합니다. 멋진 계획을 늘어놓기보다는 알고 있는 것과 전하고 싶은 이야기를 솔직하게 전하는 것이 가장 좋습니다.

나만의 펜을
가질것

반복을 통해 익숙해진 행동은 곧 습관으로 굳어집니다. 최근 한 방송국에서 매주 진행하는 생방송 프로그램에 18개월 동안 고정 패널로 참여한 적이 있습니다. 생방송 특성상 출연자는 본방송을 볼 수가 없었죠. 한참 시간이 지난 뒤에 해당 방송의 유튜브 채널에 영상이 올라와 있는 걸 발견했습니다. 그때 제가 생방송을 할 때조차 펜을 꼭 쥐고 있다는 걸 알게 되었습니다. 지금부터 여러분에게 펜에 대해 이야기를 헤볼게요.

인간이 의사를 표현할 수 있는 방법은 다음 세 가지뿐입니다. 첫째, 목소리입니다. 우리는 소리 내어 말함으로써 자기 생각과 뜻을 상대방에게 전달합니다. 때로 의미 없는 소리를 지르는 경우도 있지만, 이 역시 의사를 표현한 것과 다름없죠. 둘째, 손짓과 몸짓입니다. 학계에서는 이를 비언어적 커뮤니케이션이라고 부릅니다. 셋째, 글입니다. 세 가지 방법 중에서 가장 느린 방법이죠. 하지만 펜으로 글을 쓰면 자기 뜻을 가장 정확하게 정리해서 전달할 수 있습니다. 또 상대방에게 전달하기 전까지 수없이 수정할 수 있다는 장점도 있습니다. 커뮤니케이션의 완성도 측면에서 보면 가장 완벽한 방법입니다.

　　이 세 가지 의사 표현 방법 중 도구가 있어야 하는 건 바로 글뿐입니다. 펜은 단순히 글씨를 적는 도구를 넘어서, 여러분의 생각, 의지, 결심, 그리고 포부와 욕망을 표현하는 도구죠. 영화 「뷰티풀 마인드」의 가장 마지막 장면에서는 학자들이 자신의 만년필을 주인공이 앉은 테이블 위에 하나씩 두고 사라집니다. 학자에게 만년필은 자존심과도 같죠. 따라서 자신의 만년필을 상대방에게 건넨다는 것은 자신의 명예와 자존심을 내려놓고 상대를 칭송하는 의미입니다. 알고 보면 펜에는 이렇게 큰 의미가 담겨 있습니다.

제가 지금 쓰는 펜은 20년 된 몽블랑 펜입니다. 펜은 작고 잃어버리기가 쉬워서 20년이라는 긴 세월을 같이하기는 쉽지 않습니다. 그동안 이 펜으로 써온 글은 과연 얼마나 될까요? 정확히 세어볼 수는 없지만 아마도 엄청나겠죠. 여러분도 좋아하는 펜 하나쯤은 만들어야 합니다. 말하기 책에서 갑자기 펜 이야기라니 의아하게 생각할 수도 있습니다. 하지만 글을 쓰거나 메모를 하거나 청중 앞에서 말을 할 때 펜은 아주 유용하게 쓰입니다.

지금부터 펜 하나를 골라볼까요? 고를 때는 몇 가지 기준이 필요합니다.

첫째, 일단 내 마음에 들어야 합니다. 비싸다고 무조건 좋은 펜은 아니지만, 경험으로 비추어보아 어느 정도 가격이 있어야 오랫동안 사용할 수 있습니다. 가격대는 천차만별이니 선택은 여러분이 하면 됩니다.

둘째, 펜은 카트리지를 리필할 수 있는 펜이어야 합니다. 그게 아니면 일회용으로 사용하고 버려야 하는데, 버리고 또 구매하는 행위를 반복하다 보면 펜의 중요성을 잊게 됩니다. 펜을 가장 중요한 물건 1순위로 생각하세요. 이 기준에서 보면 몇만 원부터 몇십만 원에 해당하는 제품이 눈에 들어올 겁니다. 그중에서 항상 지니고 다닐 수 있는 펜을 고르세요. 저는 전 세계 어디를 가든 몽블랑 펜의 카트리지 여유분을 반드시 챙깁니다.

셋째, 검은색보다는 파란색 펜으로 고르세요. 2015년 출간된 『파란펜 공부법』에는 파란색 펜을 사용해야만 기억을 더 오래 할 수 있고, 직장인의 업무 성과도 올라간다는 연구 결과가 소개되어 있습니다. 저 또한 줄곧 파란색 펜을 사용하고 있습니다.

넷째, 무게 중심이 잘 잡혀 있는 펜을 고르세요. 펜을 오랫동안 사용해보면 무게 중심이 잘 잡혀 있는 것이 어떤 의미인지 이해할 수 있습니다. 무게가 위나 아래로 편중되어 있으면 글씨를 쓸 때 버겁습니다. 오랫동안 펜을 사용할 수 없죠.

어떤 사람들은 펜이라고 하면 만년필을 떠올립니다. 만년필은 참 좋습니다. 부드럽게 잘 써지면서 무게 중심도 잘 잡혀 있기 때문이죠. 하지만 비싸기도 하고, 만년필에 들어가는 카트리지는 오랫동안 사용하기도 힘듭니다. 어떤 건 잉크 통까지 들고 다녀야 하죠. 따라서 만년필은 글씨를 많이 써본 뒤에 선택해도 늦지 않습니다.

마지막으로 펜을 사용한다면 강박적으로 사용해야 한다고 이야기하고 싶습니다. 생각을 표현할 수 있는 중요한 도구로 여기며, 어디를 가서 무엇을 하든 펜을 지니고 다녀야 합니다. 성공한 사람은 자신이 옳다고 믿으면 강박적으로 실천합니다. 여러분도 그렇게 연습하길 바랍니다.

타이핑은
가장 마지막이다

손으로 글을 써야 한다고 줄곧 강요하는 소리를 듣고 있자니, 그럴 거면 이토록 기술이 발달한 현대 사회에 살면서 기술을 아무것도 누리지 못하느냐는 반감을 품을 수도 있습니다. 중세 시대에나 어울릴, 시대에 뒤떨어지는 방법이라고 생각하면서 말이죠. 그렇다면 타이핑에 관해서도 이야기해볼까 합니다. 저라고 시대를 따라가지 못하는 미개인으로 보이고 싶은 생각은 전혀 없으니까요.

먼저 원칙적인 이야기부터 시작해봅시다. 우선 여러분은 손으로 글을 쓰는 것부터 해야 합니다. 여러분이 좋아하는 펜으로 종이에다 꾸준히 메모와 원고를 작성해야 합니다. 생각하거나 무언가를 정리할 때, 그리고 누군가에게 중요한 말을 전하려 할 때 먼저 손으로 정리하는 방법을 익혀야 합니다. 종이와 펜 그리고 여러분의 생각과 말이 하나의 선으로 연결될 수 있도록 해야 하죠. 메모를 적은 뒤 말을 하다 보면, 어느새 메모를 보지 않고도 말을 잘할 수 있는 경지에 오르게 될 겁니다.

그러면 이 작업을 대체 언제까지 해야 할까요? 이 바쁜 세상에, 말하기 전에 무조건 종이에 적는 일을 평생토록 하는 것은 적절치 않은 방법이라고 생각할 수도 있습니다. 저도 이 생각에는 공감합니다.

이쯤 와서 제가 한 아주 신기한 경험을 이야기해볼까 합니다. 저는 지난 몇 년간 종이와 펜을 이용해 작성한 내레이션 원고로 녹음을 했습니다. 이 작업을 쭉 해오다 보니 흥미로운 일이 벌어졌습니다. 생각을 종이에 적는 연습을 꾸준히 했더니 이제는 컴퓨터로 타이핑을 해도 종이에 글을 쓰는 것과 비슷한 감각을 느끼게 된 것이죠. 실제로 최근에는 10분 독서 콘텐츠를 만들 때 손으로 내레이션 원고를 쓰지 않습니다. 손으로 썼다면 네 시간 이상 걸릴 일을 이제는 한 시간 이내에 끝낼 수 있게 되었습니다. 작업 속도 차이가 엄청나게 납니다.

혹시 사람들이 내레이션 원고의 차이를 느끼지는 않을까 우려했던 적도 있었으나, 타이핑 작업으로 바뀌었다는 걸 알아챈 사람은 없었습니다. 이전 느낌과 동일한 수준의 내레이션 원고가 완성되었던 겁니다. 별일 아닌 듯 보이지만 여기에는 상당히 큰 의미가 있습니다. 손으로 글을 쓰는 것과 컴퓨터로 작업하는 것이 거의 동일한 원고를 만들어 낼 수 있다면 생산성 측면에 엄청난 변화가 일어나기 때문입니다.

사실 손으로 쓰는 것과 컴퓨터로 작업하는 것 사이에는 상당한 차이가 있습니다. 여러분도 직접 해보세요. 여러분이 누군가에게 말을 해야 하는 상황을 가정해서, 원고를 전부 손으로 써보는 겁니다. 처음 만나 건네는 인사말부터 마치는 말까지 전부 다 말입니다. 그리고 이 원고 전부를 컴퓨터로 다시 작업해보세요. 어떤 프로그램을 사용하든 상관없습니다. 그리고 이 두 가지 방법으로 작성된 원고를 실제 상황에 직접 적용해보세요. 단언컨대 같은 내용이라도 말할 때 완전히 서로 다른 느낌이 들 겁니다.

손으로 쓴 원고는 정확하게 기억되어 말하기에 훨씬 편합니다. 반면 컴퓨터로 작업한 원고는 잘 안 읽히죠. 컴퓨터로 작업했던 경험을 돌이켜보세요. 단 한 번도 컴퓨터로 구어체 표현을 완성해본 적이 없을 것입니다.

제가 몇 년 동안 손으로 쓰다가 우연히 컴퓨터로 작업했을 때, 스스로 놀란 것도 바로 이 이유 때문이었습니다. 오랫동안 손으로 쓰는 훈련을 했더니 컴퓨터로 작업해도 완성도가 거의 비슷해진 것이죠. 따라서 어느 정도 손으로 쓰는 게 익숙해지면 컴퓨터 작업으로 옮겨가는 것도 괜찮습니다. 그렇다면 과연 그 시기가 언제쯤일까요?

사람의 경험치를 일반화할 수는 없으나, 수기와 타이핑의 완성도가 비슷해지려면 대략 1000시간은 필요합니다. 유추해보면 저는 10분 독서 원고 작업을 매주 네 시간 이상씩 5년 동안 해왔습니다. 계산해보면 1000시간 이상입니다. 여기에 매주 책을 읽고 정리하는 작업까지 했으니 아마도 두 배 이상의 시간을 손으로 글 쓰는 일에 투자한 셈이죠. 물론 이것은 제 경험을 바탕으로 추정해본 시간일 뿐입니다.

그러면 이제 실전에서 누군가에게 이야기를 하기 전에 손으로 글을 쓰는 빙법에 대해 살펴보겠습니다. 손으로 글

쓰는 일이 익숙한 정도에 따라 세 단계로 나누어 생각해볼 수 있습니다. 1단계, 즉 손으로 글을 쓰는 게 익숙하지 않은 상황에서는 말하고자 하는 내용을 무조건 전부 기록해보는 것이 좋습니다. 글씨 크기는 너무 작지 않게, 일어선 상태에서도 볼 수 있을 만큼 크게 적는 게 좋아요. 이렇게 적은 원고는 회의나 공식 석상에서 발표하는 상황에서 유용하게 사용할 수 있습니다.

2단계, 즉 원고 작업에 익숙해진 상황에서는 일일이 다 쓰지 말고 이야기할 내용을 구조적으로 형상화해 종이에 그려보세요. 단어를 중심에 적고, 여기에 동그라미를 그리고 다른 단어와 연결하는 식으로요. 이렇게 계속 그리다 보면 마치 분자 구조물 같은 그림이 완성됩니다. 이걸 보면 어떤 상황에서도 자신이 이야기하는 맥락에서 벗어나지 않고 이야기할 수 있죠.

마지막 3단계, 어느 정도 고수가 되면 이야기할 때 절대 놓치지 말아야 할 단어 몇 개만 적습니다. 유의할 점은 문장이 아니라 단어만 적는 것입니다. 왜 단어만 적어야 할까요? 사실 어떤 자리에서 이야기할 때, 그 누군가가 질문을 던져주지 않으면 우리는 머릿속에 있는 생각을 자연스럽게 따라갑니다. 그러면 정작 중요한 것을 놓치게 되는 경우도 생기죠. 단어만 적은 종이는 이런 상황을 미연에 방지해줍니다. 말할 내용에 대해 정리하고 생각하는 과정을 충분히 거쳤다 하더라도 어떤 때는 중요한 단어 하나가 생각나지 않기도 합니다. 사실 저도 그럴 때가 있습니다. 그래서 저는 두 시간짜리 강연을 하더라도 강연에 앞서 종이 한 장에다 반드시 전달해야 할 내용의 핵심 단어를 적어둡니다. 그렇게 하면 생각이 나지 않아 말을 못 하는 상황은 일어나지 않습니다.

성공하는
사람들의 비결

지금부터 저는 작가를 포함한 글을 쓸 줄 아는 사람이 조직 생활에서 성공할 수 있는 이유를 몇 가지 더 소개하려 합니다.

첫째, 기업은 보고와 회의로 움직이기 때문에 글을 이해하고 다룰 수 있는 사람이 성공할 가능성이 높습니다. 경제학에서는 기업이 토지, 자본, 그리고 사람으로 구성되어 있다고 말하지만, 실제 그것을 움직이게 하는 것은 커뮤니케이션입니다. 사람과 사람, 부서와 부서, 그리고 회사와 회사는 모두 글을 기반으로 움직이죠. 따라서 글을 이해하고 다룰 수 있는 사람이 성공할 가능성이 높습니다.

둘째, 빠르게 변하는 세상일수록 서사 구조를 이해하는 사람이 성공할 가능성이 높습니다. 우리는 서사가 사라진 시대를 살고 있습니다. 모두가 빠른 결론부터 요구하는 시대죠. 그런데도 사람들은 기업을 판단하고 거래를 결정할 때 결국 그 기업의 서사, 즉 스토리를 보고 판단하는 경우가 많습니다. 지금까지 기업이 어떤 일을 해왔는지, 고객을 어떻게 대했는지, 앞으로 어떤 비전과 계획을 가지고 있는지를 판단하죠. 이 모든 것 역시 글로 되어 있습니다. 그러니 글을 다루지 않고서는 조직과 사회에서 성공하기가 참 힘듭니다.

우리가 열심히 공부해야 했던 학창 시절에는 공부를 잘하면 사회에서 성공할 수 있다고 배웠습니다. 그런데 사회에 나와 보니 정말 그런가요? 공부를 잘했다고 반드시 멋진 인생, 성공한 인생을 사는 것은 아니라는 사실을 여러분도 알고 있을 겁니다. 자기 생각을 명확하게 전달하지 못하고, 상대방이 말하는 것을 정확하게 인지하지 못하면 아무리 공부를 잘했던 사람이라도 성공할 가능성은 제로에 가깝습니다.

셋째, 글을 쓰는 사람은 비판적 사고를 할 수 있고 맥락을 잘 파악할 수 있습니다. 맥락을 파악할 수 있으면 아무도 의심하지 않는 상식에 의문을 제기할 수 있습니다. 비판적 사고를 하고 대안을 제시할 수도 있죠. 그렇기에 글을 쓸 줄 아는 사람을 기업에서 원하는 건 자연스러운 일입니다.

시대의 아이콘이었던 스티브 잡스(Steve Jobs)의 사례를 한번 볼까요? 스티브 잡스는 한때 애플에서 쫓겨나 픽사를 운영했습니다. 잡스의 인생은 픽사에서 일한 전과 후로 완벽하게 나뉘죠. 픽사에서의 경험이 그를 완벽히 바꾸었던 겁니다. 『무기가 되는 스토리』라는 책에서는 잡스가 픽사의 스토리텔링 방식을 배웠기에 변할 수 있었다고 말합니다. 픽사에서 전문적인 스토리텔러와 함께 일한 그는 애플에 복귀한 이후 '스토리'라는 렌즈를 통해 애플의 메시지를 정교하게 다듬을 수 있게 된 것이죠. 증거는 바로 애플의 슬로건 "Think Different(다르게 생각하라)"입니다. 사실 1983년에 애플은 《뉴욕타임스》에 9쪽에 걸친 긴 광고를 냈습니다. 새로 출시된 컴퓨터의 기술적 사양을 죄다 열거해놓은 광고였죠. 그러나 1997년 파산 직전 상태일 때 애플에 돌아온 잡스가 내놓은 광고 캠페인은 "Think Different"였습니다. 1983년의 것과 완벽히 달랐습니다. 짧고 간결했죠.

잡스는 도대체 무엇을 본 것일까요? 그는 스토리의 구조를 보고, 스토리 구조 안에서 살아 숨 쉬는 주인공들의 삶과 이야기를 보았습니다. 변화된 그가 내놓은 광고의 구조는 간단했습니다. 그 이후로 그가 만든 제품은 아직도 혁신의 아이콘이라고 여겨질 정도로 대단한 것들이죠.

세계적인 투자자 워런 버핏(Warren Buffett)도 일과 시간 중 약 30퍼센트를 읽고 쓰는 데 사용한다고 합니다. 여러분은 하루를 어떻게 보내고 있나요? 만약 성공하고 싶다면 자기 생각을 글로 쓰는 연습을 지금부터 해야 합니다.

●
끈기 있게
노력할 것

'왜 어떤 사람은 성공하고 어떤 사람은 실패할까?' 이 질문으로 이야기를 시작해볼까 합니다. 사람들은 대부분 재능보다 노력이 더 중요하다고 말합니다. 재능과 노력 중에서 노력이 더 중요하다고 말하는 사람은 두 배 정도 많고, 신입 사원을 채용할 때 재능보다 근면성이 중요하다고 말하는 사람은 다섯 배 더 많습니다. 그리고 이런 말을 들으면 대부분 아무런 의심 없이 받아들입니다. 하지만 사람들의 말과는 달리, 현실에서는 노력하는 사람보다는 재능 있는 사람을 선호합니다. 올바른 말을 하는 사람보다 학력이 더 높고 경험이 더 많은 사람의 말을 신뢰하죠.

예를 들어 우리는 유명한 음악가와 운동선수는 타고난 재능 덕분에 성공한 거라고 생각합니다. 성공은 신비한 마법 같은 재능이 만드는 것이라고요. 그렇게 믿어야만 성공하지 못한 우리가 위안을 얻을 수 있기 때문이죠. 그러나 문제는 재능에만 집중하면 다른 소중한 것을 놓치게 된다는 데 있습니다.

지난 몇 년간 이 주제에 관한 새로운 주장이 제기되었습니다. 심리학자 앤절라 더크워스(Angela Duckworth)는 인간이 성공하기 위해서는 재능이 중요하지만, 재능보다 중요한 것이 노력이라고 말했습니다. 절대 포기하지 않는 힘을 가지고 있어야 성공할 수 있다는 것이죠.

10년 전 저는 마라톤 풀코스를 완주했던 적이 있습니다. 마라톤을 완주하기 위해서는 속도와 지구력이 필요합니다. 흥미로운 사실은 속도와 지구력은 함께 상승하지 않는다는 것입니다. 먼저 지구력을 길러야 합니다. 42.195킬로미터를 걸어서 갈 수 없는 사람은 뛰어서도 갈 수 없을 테니까요. 속도를 올리는 건 충분한 지구력이 갖춰졌을 때 시도

해야 합니다. 무언가를 이루려면 끝까지 포기하지 않고 견뎌낼 수 있는 힘, 그 무엇에도 흔들리지 않는 힘이 필요합니다. 때로는 당장 눈앞에 보이는 성과가 없을지도 모릅니다. 그래도 꾸준히 노력하고 포기하지 않으면 무언가가 보이기 시작합니다.

말을 잘하기 위해 글을 씁니다. 그런데 글을 쓸 때 가장 필요한 것이 바로 끈기입니다. 사업에도 실패해보고, 능력 없는 놈이라는 말도 들었던 시절 제가 할 수 있었던 것은 그저 읽고, 정리하고, 맥락을 파악하고, 쓰는 일이었습니다. 그렇게 하다 보니 어느새 저는 이전과는 완전히 다른 사람이 되어 있었습니다. 이제 어떤 자리에 가더라도, 그 전날 적은 한 장짜리 메모만 있으면 든든합니다. 이미 많은 시간을 준비했기에 두렵지 않은 거죠.

사실 지금까지 이야기한 내용은 모두 기본에 충실한 것입니다. 군더더기 없이 깔끔하게 말하는 방법에는 왕도가 없습니다. 시간과 노력을 들여서 읽고, 정리하고, 맥락을 찾고, 생각하고, 쓰는 것만이 길입니다. 몇 개월 혹은 몇 년이 걸릴 수도 있습니다. 하지만 그 시간을 잘 지내고 나면 여러분은 분명 완전히 다른 사람이 되어 있을 것입니다.

핵심만 콕 짚어 단순하게 말하는 법 5

지금부터
당장 실천하기

종이와 펜으로 무언가를 적는 것까지 제가 여러분에게 알려줄 수 있는 모든 것을 전했습니다. 책 내용은 그동안 많은 사람이 한 "10분 독서 동영상을 진짜 혼자서 만드는 건가요? 그게 가능한가요?" 혹은 "이렇게 두꺼운 책을 어떻게 정리하는 거죠?", "말을 잘하는 비결은 뭔가요?"라는 질문에 대한 답변이기도 합니다.

책을 읽기 전에 여러분이 이미 짐작한 내용이었을 수도 있습니다. 학교에서 수없이 들었던 이야기의 반복이라고 생각할 수도 있고요. 하나하나 따져보면 전부 간단한 내용인데, 왜 우리는 그 간단하고도 중요한 일을 소홀히 여겼던 것일까요?

우리는 말을 잘하기 위해 필요한 단순한 행동을 반복하여 실천할 때 어떤 효과를 가져오는지 체험해본 적이 없습니다. 학교 다닐 때는 늘 바쁘게 공부했고, 학교를 졸업하기도 전에 취업이라는 큰 관문 앞에서 쉴 틈 없이 움직였습니다. 게다가 어렵게 시작한 직장생활에서는 시간에 쫓기면서 일해야 했기 때문에 시간 대비 효율성이 뛰어난 컴퓨터로 작업해야 했습니다. 일단 시간에 맞춰 일을 끝내야 하니까요.

그렇게 시간에 쫓기면서 공부하거나 일을 하면 시간이 지나면서 성적이 오르고 결과물은 쌓여갈 테지만, 이로 인해 우리가 성장하지는 못합니다. 하지만 지금 이 상황을 깨닫는다면, 과거의 나와 작별하고 새로운 내가 될 수 있습니다.

저는 운이 좋게도 책을 읽고 정리하고 요약한 내용으로 동영상을 만들면서 많은 것을 배웠습니다. 이제부터는 여러분이 실천할 차례입니다. 책 내용을 기억하여 업무에 어떻게 적용하느냐, 혹은 공부에 얼마나 적용하느냐에 따라 여러분의 지적 능력과 업무 실력이 달라질 것입니다.

혹시 어떤 분은 빠르게 정리하고 말도 잘하는 마법을 원하셨는지도 모르겠습니다. 하지만 어떤 분야에서든 왕도는 존재할 수 없습니다. 다만 시간은 우리를 배신하지 않고, 반드시 투자한 만큼 보답해준다는 것만은 분명합니다.

심플하게 말하고 심플하게 사세요

중요한 자리에 나가기 전에 저는 속으로 항상 이렇게 결심합니다.

'오늘은 아무 말도 하지 말고 질문에 답만 하자.'

그러나 많은 경우 이 결심은 쉽게 무너지고 맙니다. 굳이 하지 않아도 될 이야기를 하고, 상대를 설득하기 위해 넘지 말아야 할 선을 넘기도 하죠. 그러고 나면 저에게 남는 게 없습니다. 에너지는 다 써버렸고, 그 자리에서 상대방을 압도하기는 했으나 그것이 결코 저에게 유리하게 작용하지 않죠. 이럴 때마다 인간은 실수투성이라는 것을 실감하곤 합니다.

보통 작가는 말이 아닌 글로 자기 생각을 드러냅니다. 작가의 숙명이죠. 저는 이번에는 특이하게도 '말'과 관련한 주제로 책을 썼습니다. 말하기 전문 강사도 아니면서 말하기 책을 쓰다니, 일단 신뢰가 안 갈 수도 있습니다. 하지만 오랜 시간 강의를 하고, 네이버 오디오클립을 만들며 누구보다 치열하게 말하기를 고민했다고 자부합니다. 이 책은 정답을 알려주기보다는 그동안 했던 고민의 과정을 털어놓고 공유하는 것에 의의를 두었습니다. 그리고 제가 고민 끝에 얻어낸 결과가 말을 잘하고 싶은 여러분에게 의미 있는 도움이 될 거라고 믿습니다.

책 첫머리의 카페 이야기를 다시 한번 해볼까요? 수많은 사람이 카페에서는 친구 또는 동료와 자연스럽게 이야기를 나눕니다. 모든 사람은 이미 말을 잘합니다. 다만, 어려운 이야기를 알아듣기 쉽게 전하는 일을 어려워할 뿐이죠. 전문적인 지식이 필요하고, 맥락을 파악해야 하며, 오랫동안 생각을 해야 합니다. 어떤 주제에 관해 말하기 전에 생각하지 않고 정리하지 않으면 말문이 턱 막힙니다. 그럴 때 이 책이 도움이 되면 좋겠습니다. 말로 설명하기 다소 복잡하고 어려운 주제라도 그것을 깔끔하고 이해하기 쉽게 전달하는 방법을 최대한 많이 담으려 노력했습니다.

몇 년 전 한 페이지로 보고서 작성하기 혹은 엘리베이터 스피치와 관련한 책이 여럿 출간된 적이 있습니다. 짧은 시간에 보고할 수 있는 자료를 만드는 방법, 엘리베이터에 타고 내리는 짧은 시간 동안 상대방에게 핵심을 전달하는 능력을 기르는 방법을 담은 책이었죠. 이런 능력은 한 문제에 집중하고 정리하고 생각하고 맥락을 파악한 뒤에, 이를 종이에 적어본 사람이라면 누구나 갖추고 있습니다. 저 과정을 꾸준히 반복하다 보면 어떤 자리에서도, 어떤 상황에서도 이야기를 잘 전달할 수 있게 됩니다. 형식은 중요하지 않아요.

지금까지 저는 열 권의 책을 냈습니다. 이 책은 저의 열한 번째 책입니다. 그런데 지금까지 쓴 그 어떤 책보다 더 어려웠습니다. 이전까지 제가 어떻게 말해왔는지 깊이 생각해보지 못했기 때문일 겁니다. 이 책을 쓰면서 제가 말을 잘하게 된 과정을 되짚어보는 시간을 가졌습니다. 과거의 나는 왜 이렇게 했는지, 또 지금의 나는 왜 이렇게 말하고 있는지, 어떤 행동에 어떤 효과가 있는지 살펴보는 건 쉽지 않은 일이었습니다. 그래서 이 책에서는 개인적인 이야기를 더 많이 풀어낼 수밖에 없었습니다. 이 부분에 대해서는 독자 여러분이 충분히 이해해줄 것이라고 믿습니다.

　　마지막으로 저는 여러분이 심플하게 살면 좋겠습니다. 세상이 너무 복잡해서 모든 것에 일일이 관여하고 선택하기에 우리 뇌는 한계가 있습니다. 심플한 삶은 때로 명쾌한 생각을 안겨줍니다. 여러분, 심플하게 사세요. 그리고 심플하게 말하세요.

: 참고문헌

그레첸 루빈, 『나는 오늘부터 달라지기로 결심했다』, 비즈니스북스, 2016

나심 니콜라스 탈레브, 『행운에 속지 마라』, 중앙북스, 2016

다니엘 핑크, 『언제 할 것인가』, 알키, 2018

데이비드 브룩스, 『인간의 품격』, 부키, 2015

데이비드 색스, 『아날로그의 반격』, 어크로스, 2017

라이언 홀리데이, 『에고라는 적』, 흐름출판, 2017

로빈 던바, 『던바의 수』, 아르테, 2018

리처드 왓슨, 『인공지능 시대가 두려운 사람들에게』, 원더박스, 2017

마르코 폰 뮌히하우젠, 『집중하는 힘』, 미래의창, 2017

마이클 본드, 『타인의 영향력』, 어크로스, 2015

마티아스 뇔케, 『조용히 이기는 사람들』, 이마, 2017

맥스 베이저만, 『무엇을 놓치고 있는가』, 청림출판, 2016

바스 카스트, 『지금 그 느낌이 답이다』, 갈매나무, 2016

벤 파, 『주목의 심리학』, 세종서적, 2015

사이토 다카시, 『메모의 재발견』, 비즈니스북스, 2017

상진아, 『감정에 지지 않는 법』, 센추리원, 2015

샘 혼, 『집중력, 마법을 부리다』, 갈매나무, 2017

옌스 바이드너, 『지적인 낙관주의자』, 다산북스, 2018

울리히 슈나벨, 『아무것도 하지 않는 시간의 힘』, 가나출판사, 2016

인터브랜드, 『당신의 시대가 온다』, 살림출판사 , 2015

자크 아탈리, 『인류는 어떻게 진보하는가』, 책담, 2016

제이미 홈스, 『난센스』, 문학동네, 2017

칼 뉴포트, 『딥 워크』, 민음사, 2017

칼 뉴포트, 『열정의 배신』, 부키, 2019

캐스 R. 선스타인, 『와이저』, 위즈덤하우스, 2015

클라이브 톰슨, 『생각은 죽지 않는다』, 알키, 2015

타샤 유리크, 『자기통찰』, 저스트북스, 2018

토머스 J. 들롱, 『왜 우리는 가끔 멈춰야 하는가』, 청림출판, 2018

파리드 자카리아, 『하버드 학생들은 더 이상 인문학을 공부하지 않는다』, 사회평론, 2015

하노 벡 외, 『사고의 오류』, 율리시즈, 2015

나는 심플하게 말한다

초판 1쇄 발행 2019년 8월 13일
초판 3쇄 발행 2019년 10월 30일

지은이 이동우
펴낸이 김선식

경영총괄 김은영
기획편집 임소연 **디자인** 황정민 **책임마케터** 박태준
콘텐츠개발4팀장 윤성훈 **콘텐츠개발4팀** 황정민, 임경진, 김대한, 임소연
마케팅본부 이주화, 정명찬, 최혜령, 이고은, 권장규, 허지호, 김은지, 박태준, 박지수, 배시영, 기명리
저작권팀 한승빈, 이시은
경영관리본부 허대우, 하미선, 박상민, 윤이경, 권송이, 김재경, 최완규, 이우철
외부스태프 교정교열 임인선

펴낸곳 다산북스 **출판등록** 2005년 12월 23일 제313-2005-00277호
주소 경기도 파주시 회동길 357, 3층
전화 02-704-1724
팩스 02-703-2219 **이메일** dasanbooks@dasanbooks.com
홈페이지 www.dasanbooks.com **블로그** blog.naver.com/dasan_books
종이 (주)한솔피앤에스 **출력·제본** 갑우문화사

ISBN 979-11-306-2361-0 (03190)

다산북스(DASANBOOKS)는 독자 여러분의 책에 관한 아이디어와 원고 투고를 기쁜 마음으로 기다리고 있습니다.
책 출간을 원하는 아이디어가 있으신 분은 다산북스 홈페이지 '투고원고'란으로 간단한 개요와 취지, 연락처 등을 보내주세요.
머뭇거리지 말고 문을 두드리세요.